gutes leben
bene!

Alexa Willems

DER WALD *weist Dir* DEN WEG

7 Fragen, die Dich zum Sinn
in Deinem Leben führen

Inhaltsverzeichnis

In diesem Buch erzähle ich viele Geschichten von Menschen, die ich im Laufe der Jahre begleiten durfte. Namen und Lebensumstände habe ich verändert, um Privatsphäre zu schützen. Die Geschichten stehen beispielhaft für viele andere.

Einleitung

»Ich arbeite so viel wie nie und weiß immer weniger, wofür!« Dieser Satz von Markus, den ich vor einiger Zeit begleiten durfte, ist mir in guter Erinnerung. Das Bedürfnis nach Sinn, das sich darin ausdrückt, ist riesig. Alte tragende Strukturen lösen sich auf, die gefühlte Sicherheit nimmt ab und die Geschwindigkeit und Menge all der Informationen, die täglich auf uns niederprasseln, haben sich vervielfacht, ohne dass ein Ende in Sicht wäre. Existenzielle Sorgen um unsere Zukunft und unsere Gesundheit belasten uns. Die Klimakrise bedroht unsere Lebensgrundlage, politische Verwerfungen auf der ganzen Welt und vor unserer Haustür stellen das Leben, wie wir es in den letzten Jahrzehnten selbstverständlich geführt haben, bedrohlich infrage.

Was trägt in diesen Zeiten? Was gibt uns Kraft, Hoffnung und Inspiration? Das fragen sich viele.

Die Natur ist ein Rückzugs- und Kraftort. Sie ermöglicht uns, wieder zu uns selbst zu kommen. Wenn wir in die Natur gehen, kommen wir Schritt für Schritt bei uns selber an. Wir haben einen großen Schatz direkt vor unserer Haustür!

Noch ist kaum bekannt, welch vielfältige negative Auswirkungen eine dauerhafte Naturentfremdung mit sich bringt. Zwar ist die *Naturdefizitstörung* keine medizinische Diagnose, doch beschreibt der Begriff treffend, wie sehr ein gutes Leben die Natur braucht. Denn Naturaufenthalte wirken sich positiv und stabilisierend auf Körper, Seele und Geist aus. Im Grünen zu sein, fördert unsere Gesundheit und schenkt not-wendende Auszeiten von den alltäglichen Belastungen. In der Natur können wir ausloten, was wirklich wichtig ist und wohin unsere Lebensreise gehen soll.

Dass ausgerechnet ich einmal ein Buch über die Sinnsuche in und mit der Natur schreibe, ist für mich so unglaublich wie die Tatsache, dass ich heute als Therapeutin für sinnzentrierte Psychologie mit Menschen in der Natur arbeite. Warum?

Bis ich mit 32 Jahren an einer Essstörung erkrankte, arbeitete ich im mittleren Management einer großen Bank. Ich hatte Karriere gemacht und lebte ein Leben auf der Überholspur – bis mein Körper mir die Rote Karte zeigte. In dieser existenziellen Krise haben mich drei Wieder- bzw. Neuentdeckungen aufgefangen: mein Glaube an Gott, die Natur und das Studium der Logotherapie und Existenzanalyse (mehr dazu erzähle ich im zweiten Kapitel).

Meinen Glauben, der mir als Jugendliche sehr wichtig war, hatte ich nie ganz vergessen. Aber Gott hatte in meinem schnellen Leben einfach keinen Platz mehr. Am tiefsten Punkt meines Lebens aber durfte ich die Erfahrung machen, dass Gott unverbrüchlich zu mir steht. Dass mir diese Erfahrung möglich war, habe ich der Natur und ihren sinnenhaften Zeichen zu verdanken.

Die Logotherapie und Existenzanalyse, begründet von Viktor E. Frankl, wird häufig die »dritte Wiener Schule der Psychotherapie« genannt (neben der Psychoanalyse von Sigmund Freud und der Individualpsychologie von Alfred Adler) und auch als sinnzentrierte Psychologie bezeichnet. Mit anderen Worten: Sie bestärkt Menschen darin, ihr Leben sinn- und wertvoll zu gestalten.

Ihr Konzept beruht auf der Erkenntnis, dass der Mensch zutiefst danach strebt, sein Leben in einem Sinnzusammenhang zu verstehen. Gelingt ihm dies nicht, fällt er leicht in eine »existenzielle Frustration«, die zum gefährlichen Nährboden werden kann für seelische Störungen aller Art wie z.B. Neurosen, Depressionen, Kriminalität oder Suchtkrankheiten.

Man könnte Viktor Frankl auch den Vater der Resilienzforschung nennen. Denn mit seiner Logotherapie beweist er, wie trotz widriger Umstände das Leben gemeistert werden kann, und zeigt, aus welchen Quellen wir Kraft schöpfen können. Er bestätigte den unmittelbaren Zusammenhang zwischen der Resilienzfähigkeit eines Menschen und der Sinnerfüllung, die er erlebt.

Viktor Frankl entwickelte die Logotherapie und Existenzanalyse auch auf Basis einer persönlichen Krisenerfahrung. Wegen seiner jüdischen Herkunft war er während des Zweiten Weltkriegs in vier verschiedenen Konzentrationslagern inhaftiert. Er verlor dort seine Frau, seine Eltern und seinen Bruder.

Und dennoch verlor Viktor Frankl nicht seinen Lebensmut. Die *selbst gewählte* Aufgabe, anderen Mut zuzusprechen, trug maßgeblich dazu bei, dass er die Zeit im Lager ertragen und überleben konnte. Seine Eindrücke und Erfahrungen verarbeitete er in seinem Buch *... trotzdem Ja zum Leben sagen. Ein Psychologe erlebt das Konzentrationslager.*

»Es gibt nichts auf der Welt was einen Menschen so sehr befähigte, äußere Schwierigkeiten oder innere Beschwerden zu überwinden, als: das Bewusstsein eine Aufgabe im Leben zu haben.«[1] So kündigte Viktor Frankl im Konzentrationslager seine Vorträge den Mitgefangenen an. Er referierte unter diesen besonderen Bedingungen über seelische Gesundheit und Widerstandsfähigkeit. Seine Vorträge gaben den Mitinsassen Hoffnung.

Die von ihm entwickelte Logotherapie misst dem Bewusstsein für eine Aufgabe im Leben eine besondere Bedeutung zu. Im Wort Aufgabe steckt Gabe. Aus der uns gegebenen Gabe erwächst eine Aufgabe, die es zu erfüllen gilt. Und ja, auch wir haben die Chance, unsere kleinen und größeren Krisen zu überwinden und daraus sogar Kraft zu schöpfen.

Ich bin keine Schamanin, keine Druidin, keine Esoterikerin – ich bin als ehemalige Bankerin eine Frau, die mit beiden Beinen im Leben steht. Weder trommle ich noch zünde ich Räucherstäbchen an (beides ist sicherlich gut, aber es gehört nicht zu meinem Weg). Aber ich kann vollkommen auf die positive Wirkung der Natur vertrauen. Dank meiner Kenntnisse bringe ich Menschen zurück in die direkte Verbindung mit der Natur und vor allem mit sich selbst. Ich bin eine Art Fährtenleserin, die verschiedene Wege vorschlägt, um Menschen in einer herausfordernden Lebenssituation zu helfen, positive Naturerfahrungen zu machen, an manchen Stellen tiefer zu sehen. Ich bin eine wohlmeinende Begleiterin, die Fragen stellt und Impulse gibt, die Antworten auslösen können. Antworten, die sich dann meist wie von selbst entwickeln, weil sich Menschen auf den Weg machen – aus dem tiefen Erleben und im Einklang mit der Natur.

In meinem Rucksack habe ich das »Handwerkszeug« aus meinem Studium der Logotherapie und Existenzanalyse dabei. Damit wandert die Sinnorientierung immer mit. Natur und Logotherapie sind eine wahrlich sinnvolle Kombination, denn beide – Natur und Sinnfragen – haben Aufforderungscharakter. Sie fordern uns auf, unser Leben sinnvoll zu gestalten.

Ich berate und begleite Menschen nur noch in Ausnahmefällen in meinem Coachingraum. Stattdessen habe ich die Natur als meine Co-Therapeutin entdeckt. Seit meine Klient*innen zu Mitwander*innen geworden sind, hat sich viel verändert, denn vieles geht einfacher in Wanderschuhen.

Wenn wir miteinander unterwegs sind, dann geht keine*r voraus. Zusammen erwarten wir, was da kommen mag. Die

Mitwander*innen gehen, erkennen und deuten selbst. Diese Handlungsfähigkeit trägt viel Gesundes in sich. In der Psychotherapie gibt es allzu oft eine einseitige Problemorientierung, die eher kontraproduktiv ist. Wenn Rat suchende Menschen selbst erkennen können, handlungsfähig bleiben und das Leben wieder unter dem Aspekt des Gelingens erleben, werden die seelische und körperliche Kraft mobilisiert. Weg von der Ohnmacht hin zu dem Weg, den ich selbst zu wählen habe und den ich gestalten kann.

Auch Dich lade ich ein, mit mir auf Entdeckungsreise zu gehen. Mit diesem Buch möchte ich Dich als Logotherapeutin und Naturcoach bei Deiner Sinnsuche und Persönlichkeitsentfaltung in und mit der Natur begleiten. Es führt Dich zu wichtigsten Themen Deines Lebens.

Die Natur ist, wie kaum ein anderer Ort, voller Sinnbilder. Wenn wir draußen unterwegs sind, kommen wir fast automatisch wieder mit unserer Ursprünglichkeit in Kontakt. Die äußere Natur spiegelt verblüffend oft unsere innere Natur wider. Dies zu erkennen und sich darauf einzulassen, führt zu mehr Klarheit und bereichert das Leben. Mit diesem Buch kannst Du lernen, diese Zeichen zu erkennen und für Dich zu übersetzen.

Jedes Kapitel ist mit einer Frage überschrieben. Sie ist das Kernthema der dann folgenden Seiten. Neben Impulsen aus der Logotherapie und Erfahrungen aus meiner praktischen Arbeit findest Du in jedem Kapitel erprobte Übungen, die Dir helfen, das Thema ganz konkret für Dich persönlich zu beleuchten.

Du kannst mit dem Buch direkt loswandern, die einzelnen Kapitel in der Natur vor Deiner Haustür lesen und Dich dort auf die Übungen einlassen. Oder Du liest das Buch gemütlich auf dem Sofa oder in der Straßenbahn, lässt Dich inspirieren

und brichst dann möglicherweise irgendwann später in die Natur auf. Beides ist möglich!

Ich empfehle Dir allerdings, bei der Reihenfolge der Kapitel zu bleiben, da die Geschichten und die Übungen aufeinander aufbauen. Zudem ist es gut, während der Lektüre oder unterwegs Wesentliches aufzuschreiben, zu sammeln und festzuhalten: Gedanken, Bilder oder Naturmaterialien, die für Dich eine besondere Bedeutung bekommen haben. Der Alltag wirkt allzu oft wie ein Radiergummi, deshalb brauchen wir Erinnerungshilfen. Und auch Belastendes verliert an Macht, wenn wir es niedergeschrieben haben. Gehen wir in die Natur, kommen wir auf andere Gedanken. Sie sind es wert, festgehalten zu werden.

So wird das Gedächtnis gestärkt, die Problem- und Lösungskompetenz erhöht sich und Klarheit stellt sich ein.

Dieses Buch kann Dir ein steter Begleiter und Wegweiser sein. Wenn es eines Tages in Deinem Rucksack mit vielen Notizen und dem ein oder anderen Eselsohr zu finden ist, hat es seinen Dienst erfüllt und ist vom reinen Lesebuch zum wertvollen, persönlichen Begleiter geworden.

Bis bald – im Wald
Deine Alexa

Wo stehst Du?

Ganz da

Du kennst sicher die Hinweistafeln, die oft auf Wanderparkplätzen zu finden sind. Ein Punkt oder Pfeil kennzeichnet darauf den Standpunkt derer, die sich gleich auf den Weg machen werden. Diese Verortung ist unverzichtbar. Denn was nützt uns die beste Karte, wenn wir nicht wissen, wo wir stehen? Genau darum soll es in diesem ersten Kapitel gehen: Ich lade Dich ein, wahrzunehmen, wo Du stehst, und bei Dir selbst anzukommen.

Mit Lissi hatte ich mich bei unserem ersten Treffen auf einem Wanderparkplatz verabredet. Bis dahin kannten wir uns nur vom Telefon, wo wir uns kurz unterhalten und über Lissis Beweggrund gesprochen hatten, zu mir in die Beratung zu kommen. Ich hatte schon einige Minuten am vereinbarten Treffpunkt gewartet, als Lissi mit einem roten Flitzer deutlich zu schnell auf den Parkplatz gefahren kam. Sie sprang aus dem Auto, griff nach ihrem Rucksack und eilte mit großen Schritten auf mich zu.

Nun stand sie in Wanderkleidung vor mir, bestens ausgerüstet und voller Tatendrang. Nachdem wir uns kurz begrüßt hatten, meinte sie, sie wolle direkt loslegen, um keine Zeit zu verlieren. Welchen Weg wir denn gehen würden, fragte sie mich auffordernd, schloss währenddessen noch schnell ihr Auto ab und verstaute den Schlüssel kniend in der Seitentasche ihres Rucksacks. Als sie sich wieder aufrichtete, trafen sich unsere Blicke. Ruhig und ohne auch nur im Geringsten an Aufbruch zu denken, schaute ich sie an und sagte: »Eine Wanderung beginnt schon vor dem ersten Schritt. Sie beginnt mit dem Ankommen.« Lissi schaute mich verdutzt an – verstand aber sofort: Sie war zwar anwesend, aber nicht richtig da. Sie atmete hörbar aus und es schien, als würde sie damit viel von dem, was sie ursprünglich antrieb, zurücklassen. Dann beförderte sie ihr Smartphone in den Flugmodus und verstaute es in ihrem Rucksack. Jetzt war sie offensichtlich bereit, sich auf den Moment, auf das Hier und Jetzt einzulassen.

Um zu wissen, wo wir stehen, müssen wir erst einmal tatsächlich da ankommen, wo wir gerade sind. Es braucht Zeit, bis die Seele nachkommt. Doch wie oft sind wir gedanklich schon bei der nächsten Aktivität oder der nächsten Aufgabe unserer endlosen To-do-Liste? Wir wollen möglichst effizient und produktiv sein, denn »Zeit ist Geld«.

Nie waren wir vernetzter als heute und nie war es einfacher, sich von sich selbst zu entfremden. Wir sind dauernd »on«, erreichbar für jeden – nur für uns selbst nicht. Wir werden überschwemmt von einem nie abreißenden Strom aus Informationen, die unsere Sinne überfluten und uns rastlos zurücklassen, überarbeitet und unbefriedigt, zwar eingeloggt, aber ausgebrannt. Die Digitalisierung mit ihren zahllosen Ablenkungen hat in jeden Winkel unseres Lebens Einzug gehalten.

Um dem digitalen Strom zu entkommen und sich vom Alltagsgeschehen zu lösen, ist ein Tapetenwechsel hilfreich. Wenn wir die Lebensbereiche Arbeit und Freizeit bewusst trennen und unsere Verpflichtungen zurücklassen, entsteht der nötige Freiraum, um bei uns anzukommen. Durch den Abstand zu den sonstigen Pflichten stellt sich zudem Erholung leichter ein.

Die tatsächliche Distanz zwischen zwei Orten spielt dabei keine Rolle. Es geht nur um das Gefühl, entfernt vom Alltag zu sein. Die Natur hilft uns dabei. Sie vermag es, uns automatisch in einen anderen Modus zu bringen, der uns in die Entspannung führt. Jedoch nur dann, wenn wir den Off-Knopf unseres Handys finden.

Es ist hilfreich, den Übergang zu Deiner (R)auszeit bewusst zu gestalten. Ein bewusster Moment des Innehaltens signalisiert Dir: Jetzt bin ich wirklich da. Jetzt ist meine Zeit.

Zu diesem entscheidenden Moment lud ich auch Lissi ein, nachdem sie nicht nur körperlich, sondern auch mit ihrer Aufmerksamkeit am Treffpunkt angekommen war. Wir fanden einen auf dem Waldboden liegenden Ast, der uns als sichtbares Zeichen des Übergangs in die Natur diente. Nach ein paar tiefen Atemzügen stiegen wir über diesen Ast wie über eine Schwelle und traten so bewusst in den Wald ein, der uns mit seinen beruhigenden Grüntönen empfing.

ÜBUNG: WAS DEIN HERZ AUSSPÜLT

Halte Ausschau nach einem sichtbaren Zeichen des Übergangs. Zum Beispiel nach der Stelle, an der der Schotterweg in Waldboden übergeht. Gehe bewusst über diese Schwelle und lege die Wegstrecke schweigend zurück. Finde beim Laufen einen guten Rhythmus. Was passt zu Deiner derzeitigen Gemütslage und Verfassung? So, wie wir gehen, geht es uns.

Widme Deine volle Aufmerksamkeit der Natur: Wie fühlt sich der Untergrund an? Was siehst Du? Welche Farben dominieren? Was riechst Du? Welche Naturgeräusche kannst Du wahrnehmen? Diese Art, beim Gehen nur die eigenen Empfindungen und die Natur wahrzunehmen, wird auch Mönchsgang genannt. In Klöstern wird er praktiziert, um zur Ruhe zu kommen. Suche Dir dann einen Ort, an dem Du einige Zeit verweilen kannst. Finde einen festen Stand auf beiden Füßen und schließe Deine Augen. Lenke Deine Aufmerksamkeit auf Deine Füße. Wo sind die Berührungspunkte zum Boden? Fühlst Du trotz Schuhwerk den Untergrund, auf dem Du stehst?

Achte auf Deinen Atem. Mit jedem Einatmen nimmst Du Sauerstoff und Energie auf, mit jedem Ausatmen gibst Du Verbrauchtes und Hinderliches ab.
Erlaube Deinem Kopf, zur Ruhe zu kommen.
Nimm Dein Herz als Sitz Deiner Zuversicht und Intuition wahr. Vertraue, dass Deine Gedanken in die richtige Richtung gelenkt werden. Beobachte, welche Antwort auf die folgende Frage Dir als Erstes in den Sinn kommt: Was ist meine Sehnsucht?
Gönne Dir Zeit, damit Deine Gedanken sich formen können. Komme langsam mit einigen ruhigen Atemzügen zurück, öffne die Augen. Notiere alle Gedanken, die Dir kamen, in Dein Notizbuch.
Je bewusster ich den Übergang zelebriere und mich auf diese Schwelle einlasse, desto bedeutsamer sind die anschließenden Erfahrungen.

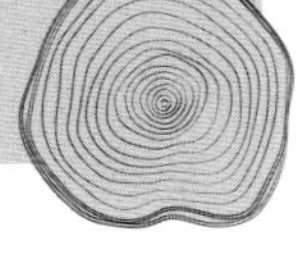

Ubuntu, oder: Ankommen für Fortgeschrittene

Kennst Du die afrikanische Lebensphilosophie Ubuntu? Sie wird auch als »Lebensphilosophie vom Wir« bezeichnet. Das Ubuntu-Prinzip besagt, dass wir Teil eines Ganzen sind und unser Wohlergehen immer untrennbar mit den anderen verbunden ist. Wörtlich übersetzt heißt »Ubuntu«: »Ich bin, weil wir sind.« Desmond Tutu, der für seinen Einsatz für die Menschenrechte mit dem Friedensnobelpreis ausgezeichnet wurde, hat festgehalten, dass ein Mensch, der im Sinne von Ubuntu lebt, grundsätzlich offen für die Person und die Meinung anderer ist. Dass er sich in seinem eigenen Handeln von ihnen bestätigt und nicht bedroht fühlt, auch weil er um deren Fähigkeiten weiß und auf ihre Güte setzt.

Ich bin durch ein sehr überraschendes Erlebnis zu Ubuntu gekommen. Vor einigen Jahren lernte ich Lisha kennen, die ursprünglich aus Afrika kommt und schon einige Zeit in Deutschland lebt. Zu Beginn unserer gemeinsamen Wanderung sagte sie: »Alexa, ich muss vorher noch kurz Danke sagen.« Als ich sie erstaunt anschaute, fragte sie: »Darf ich dich dazu einladen?« Lisha erklärte, sie wolle Danke sagen, dass ich für sie da bin und dass die Natur uns den Raum schenkt. Außerdem bitte sie um Führung.

Lisha legte ihren Zeigefinger auf ihre Lippen, um mir zu signalisieren, leise zu sein. Dann hielt sie langsam nach allen Seiten Ausschau. Anschließend sammelte sie geradezu meditativ von jeder Seite langsam verschiedene Naturutensilien ein. Jedes Fundstück hielt sie in beiden Händen, betrachtete es kurz und nickte mit dem Kopf. Mir fiel auf, wie nah sie sich dabei der Erde zuwandte und mit ihr in Kontakt trat. Mit all den Dingen, die sie eingesammelt hatte, schmückte sie nun die Stelle, die wir als unseren Übergangsort in die Natur ausgewählt hatten.

Wir stellten uns einander gegenüber an die Linie, die nun festlich geschmückt wirkte. Sie faltete ihre Hände und verneigte sich vor mir und sagte: »Ubuntu.« Ich tat es ihr gleich. Es hatte etwas Königliches, ein sehr besonderes Gefühl von Gesehenwerden und Ansehen-Schenken. Es tat gut, sich dafür Zeit zu lassen.

Anschließend leitete sie mich an, mich auch vor der Natur zu verneigen. Wir taten es gemeinsam in alle vier Himmelsrichtungen. Dann begann Lisha, in einer mir fremden Sprache zu singen. Mir stiegen Tränen in die Augen. Obwohl ich nichts verstand, berührte mich diese Zeremonie in meinem tiefsten Inneren. Während mir die Tränen über die Wangen kullerten, traten wir Hand in Hand über die Schwelle. Wir blickten noch kurz zurück und begannen dann unsere gemeinsame Wanderung.

Mich hat diese Ubuntu-Erfahrung tief beeindruckt. Auch wenn ich nicht so wundervoll singen kann, ist es für mich ein heilsames Ritual bei jeder Wanderung geworden.

Das Gefühl, ganz da zu sein, sich ganz dem Augenblick hinzugeben, diesen zu würdigen und zu zelebrieren, ist das Besondere an dieser Erfahrung. Ubuntu lehrt mich den achtsamen Umgang mit mir selbst, mit meinem Gegenüber und mit allem, was uns umgibt.

Du kannst nicht zwei Gedanken gleichzeitig denken

Insbesondere dann, wenn wir auf ein bestimmtes Thema fokussiert oder im Tunnel unserer Herausforderungen und Nöte gefangen sind, ist unsere Wahrnehmung eingeschränkt. Wir sehen sprichwörtlich vor lauter Bäumen den Wald nicht mehr. Ein Naturaufenthalt führt weg von dieser einseitigen Sichtweise. Der Wind pustet Frische in unsere eingeschränkte Gedankenwelt. Möglichkeiten tauchen auf. Fernab vom Gewohnten können wir uns leichter auf Neues einlassen.

Wie fühlt sich der Wind an? Spürst Du die Sonne, die Dein Gesicht wärmt? Welche Gerüche verströmt der Waldboden und wie schmecken die Brombeeren am Wegesrand? Wenn wir uns mit allen Sinnen auf die Natur konzentrieren, führt sie uns direkt ins Jetzt.

Das ist der Hintergrund jeder Achtsamkeitsübung: Du kannst keine zwei Gedanken gleichzeitig denken. Wenn Du also Deine volle Konzentration auf Naturwahrnehmungen lenkst, nehmen sie den Platz ein, an dem die ewige, vielleicht auch negative Gedankenschleife sich breitgemacht hatte.

Wir steigen für einen Moment aus. Vergessen unsere To-do-Listen aus Sorgen und Anforderungen des Alltags. Wenn die äußere Ruhe auch zur inneren Ruhe wird, sinkt das Stresshormon Cortisol. Eine Wohltat für unseren Körper und unsere Seele.

Viele Meditationsformen sollen die Meditierenden dahin führen, innerlich »leer« zu werden. Mantras oder Silben, die fortwährend wiederholt werden, sollen bewirken, dass es einen Moment des Nichts, der gedanklichen Leere gibt.

Bei Naturmeditationen geht es jedoch um das Gegenteil. Sie sind Gedankenspaziergänge, um »voll« zu werden. Voll von den lebensbejahenden und stärkenden Eindrücken der Natur, die uns umgibt. Von den Gesetzmäßigkeiten, die sich in der Natur schnell finden lassen.

Wir sehen und spüren, dass die Natur sich im stetigen Wandel befindet und dennoch einen verlässlichen, tragenden Boden bietet. Wenn wir Geduld haben, nehmen wir den ewigen Kreislauf des Werdens, Wachsens und Vergehens wahr. Alles ist geprägt von einem natürlichen Rhythmus und alles ist voneinander abhängig.

Was passiert im Gehirn, wenn wir uns bewusst in der Natur aufhalten? In der Natur zu sein, unterstützt uns dabei, neben der reinen Betawellenfrequenz, die für das logische Denken zuständig ist, auch die Alphawellen zu aktivieren. Diese Gehirnaktivität fördert den Zugang zu Visionen, Tagträumen und hilfreichen Bildern. Denn diese Bilder benötigen einen entspannten Geisteszustand, um sich herausbilden zu können. An dieser Stelle noch ein Hinweis: Wir dürfen den ersten Impulsen und Bildern, die uns in den Sinn kommen, durchaus Vertrauen schenken und sollten sie nicht mit unserer Stimme der Vernunft überstimmen.

Wenn wir uns zu einer Naturmeditation zurückziehen, öffnet uns das für unser in uns wohnendes kreatives Potenzial. Am besten gelingt das an einem ungestörten Ort inmitten der Natur. Vielleicht im Schatten eines großen Baumes abseits der viel begangenen Wege oder auf einer einsamen Waldlichtung. Mit ein wenig Übung kannst Du aber auch bei Dir zu Hause eine Naturmeditation machen. Ein Bild betrachten, oder einen Gegenstand, der Dich an etwas erinnert – ein Blatt, einen Blütenzweig, eine Schale mit weichem Moos –, der Fantasie sind keine Grenzen gesetzt. Letztlich ist es vor allem eine Frage, ob es Dir gelingt, Deine Gedanken zu fokussieren. Auf Seite 191 findest Du einen Link, der Dich zu einer Naturmeditation führt, die Dir zu einer Auszeit verhilft.

Das Geheimnis der Zufriedenheit

Es kamen einmal ein paar Suchende zu einem alten Mönch.

»Meister«, fragte einer von ihnen, »was tust du, um glücklich und zufrieden zu sein? Ich wäre auch gerne so glücklich wie du.«

Der Alte antwortete mit mildem Lächeln: »Wenn ich liege, dann liege ich. Wenn ich aufstehe, dann stehe ich auf. Wenn ich gehe, dann gehe ich, und wenn ich esse, dann esse ich.«

Die Fragenden schauten etwas betreten in die Runde. Einer platzte heraus: »Bitte, treibe keinen Spott mit uns. Was du sagst, tun wir auch. Wir schlafen, essen und gehen. Aber wir sind nicht glücklich. Was ist also dein Geheimnis?«

Es kam die gleiche Antwort: »Wenn ich liege, dann liege ich. Wenn ich aufstehe, dann stehe ich auf. Wenn ich gehe, dann gehe ich, und wenn ich esse, dann esse ich.«

Die Unruhe und den Unmut der Suchenden betrachtend, fügte der Meister nach einer Weile hinzu: »Sicher liegt auch ihr und ihr geht auch und ihr esst. Aber während ihr liegt, denkt ihr schon ans Aufstehen. Während ihr aufsteht, überlegt ihr, wohin ihr geht, und während ihr geht, fragt ihr euch, was ihr essen werdet. So sind eure Gedanken ständig woanders und nicht da, wo ihr gerade seid. In dem Schnittpunkt zwischen Vergangenheit und Zukunft findet das eigentliche Leben statt. Lasst euch auf diesen Augenblick ganz ein und ihr habt die Chance, wirklich glücklich und zufrieden zu sein.«

Der Standort macht's

Der richtige Standort ist für alle Pflanzen die Grundlage für Stabilität und Widerstandsfähigkeit. Die Qualität des Bodens, die Niederschlagsmenge, die Höhenlage, die Windverhältnisse – all das hat Einfluss darauf, ob sich eine Pflanze am ausgewählten Standort wohlfühlt.

Buchen zum Beispiel »kümmern« sich sogar um perfekte Standortbedingungen für ihren Nachwuchs: Die »Mutterbäume«, die oft in Gruppen stehen, spenden dem Nachwuchs Schatten. So gedeiht er über die Jahrzehnte. Gleichzeitig bewirkt der Schatten, dass kaum ein anderes Gewächs sich dorthin verirrt, welches den Nachwuchs störend überwuchern könnte. Der Boden bleibt bis auf die Blätter, die herabfallen, frei. Das macht Buchenwälder für Rehe und Hirsche uninteressant, was zur Folge hat, dass die jungen Buchenkinder und deren Knospen selten angeknabbert werden. Die erwachsenen Buchen kühlen den Wald im Sommer um zehn Grad runter und schaffen damit für ihre Sprösslinge ein angenehmes Klima. Unterirdisch versorgen sie durch Wurzelverbindungen den Nachwuchs mit Zucker. Mehr Fürsorge ist kaum vorstellbar.

Auch wir Menschen brauchen förderliche Lebensbedingungen, damit es uns gut geht. Unsere Umgebung, die Menschen, mit denen wir leben, unser Arbeitsumfeld – all das beeinflusst unsere Zufriedenheit und unser Wohlbefinden. Anders als bei der Buche oder Birke allerdings können sich unsere »Standortansprüche« im Laufe unseres Lebens verändern. Wir verlassen die Orte, an denen wir groß geworden sind, um eine Ausbildung zu beginnen oder zu studieren. Oder wir lernen jemanden kennen und lieben, dem wir folgen. Später merken wir: Etwas, was uns viele Jahre Freude gemacht hat, erfüllt uns nicht mehr. Und wir wechseln den Ort, um etwas Neues zu beginnen oder Abstand vom Alten zu gewinnen. Auch das Bedürfnis, Ballast abzulegen, uns von belastendem Besitz zu trennen, kann Ausdruck veränderter Bedürfnisse sein.

Wenn unser Standort nicht mehr stimmt, ist eine Veränderung notwendig, damit wir weiterhin glücklich sein, innerlich wachsen und uns entfalten können. Manchmal ist es ein tiefer Einschnitt, der unser Leben verändert. Ein anderes Mal genügt ein klärendes Gespräch oder eine Ausmistaktion.

Von Zeit zu Zeit innezuhalten und zu prüfen, wie es uns mit unseren »Standortfaktoren« geht, trägt in jedem Fall dazu bei, dass wir uns langfristig wohl- und bei uns selbst zu Hause fühlen.

Bei der folgenden Übung geht es darum, sich in der Natur ansprechen zu lassen. Sich dem Phänomen zu öffnen, dass sich uns etwas zeigt, was in einem Zusammenhang mit unserer gesamten Lebenssituation steht.

Regelmäßig – und nicht erst in der Krise – auf das eigene Leben zu schauen und sich immer wieder neu auszurichten, ist wesentlich für Deine Lebenszufriedenheit. Dann fällt auf, was sonst im Alltagsgewimmel untergeht. Wie lebe ich eigentlich? Bin ich zufrieden oder gibt es Dinge, die ich verändern möchte, könnte oder sollte? Wenn etwas nicht stimmig ist, kannst Du immer wieder kleine Kurskorrekturen vornehmen, extreme Wendemanöver werden vermutlich gar nicht nötig sein. Die Zeit, die Du für die regelmäßige Reflexion brauchst, ist gut investiert. Sie ist die Grundlage für mehr Klarheit, Zufriedenheit, Selbstvertrauen, Selbstwertgefühl – Selbstbewusstsein und intrinsische Motivation.

Aber eine Standortbestimmung kann noch mehr auslösen. Oft entdecken Menschen dabei völlig Unerwartetes. Dem einen werden verborgene Bedürfnisse bewusst, die andere findet für sich neue Ziele, Projekte und Visionen. All das hat positive Folgen für die gefühlte Lebenszufriedenheit.

ÜBUNG: WO STEHE ICH?

Gehe in die Natur und lass Dich von Deiner Intuition an einen Platz leiten, an dem Du Dich wohlfühlst.
Schau Dich um und nimm wahr, wo Du gerade stehst. Welche Bäume sind in Deiner Nähe? Buchen, Eichen, Fichten, Birken? Wo ist deren Wetterseite, wo wächst das meiste Moos? Und wie ist der Boden beschaffen? Was fällt Dir auf? Wenn etwas Deine Aufmerksamkeit in besonderer Weise auf sich gezogen hat, dann wende Dich ihm intensiver zu. Betrachte die Details, berühre die Oberfläche, schnupper daran. Was spricht Dich besonders an, was berührt Dich? Und was hat das mit Dir und Deiner Lebenssituation zu tun?

- Wo stehe ich in meinem Leben? Was umgibt mich? Was tue ich? Wie handle ich? Was kann ich besonders gut?
- Wovon bin ich überzeugt? Woran glaube ich?
- Was macht mir Freude? Was gelingt mir? Was erfüllt mich mit Stolz?
- Was ist ungelöst?
- Was will ich neu ausprobieren?
- Woran möchte ich festhalten?
- Von was möchte ich mich verabschieden?
- Wonach sehne ich mich?

Vervollständige für Dich folgenden Satz:
Wenn ich keine Angst hätte, würde ich ...
Mein Tipp: Nimm Dein Notizbuch zur Hand und schreibe auf, was Dich beschäftigt. Dann kannst Du später daran anknüpfen.

Mutig in die Freiheit hineinleben

Es gibt allerdings auch vieles, was uns von einer Standortbestimmung abhalten kann. Vor allem die Angst ist sehr mächtig. Was wäre, wenn ich entdecke, dass ich an meinen eigentlichen Wünschen, Talenten und Bedürfnissen vorbeilebe? Was passiert, wenn die aufkommenden Gefühle schmerzhaft sind? Wenn mir diese Vorboten der notwendigen Veränderung Angst machen?

Aber wo steht eigentlich geschrieben, dass man sich von seinen Ängsten von etwas abhalten lassen muss? Dass wir nicht etwas sogar mit Angst oder trotz Angst tun können – und vielleicht sogar unbedingt machen sollten –, einfach, weil es dran ist?

Als Trotzmacht des Geistes bezeichnet Viktor Frankl die Fähigkeit, trotz schwieriger äußerer Umstände oder innerer Befindlichkeiten sein Schicksal selbst in die Hand zu nehmen. Er stellte sich seinen Ängsten und wuchs dabei innerlich. Immer wieder betonte er, dass die Bequemlichkeit nach einem Ausgleich verlangt. Viktor Frankl probierte sein logotherapeutisches Mut-Konzept, das davon ausgeht, dass wir auch trotz oder mit Angst etwas tun können, gerne am eigenen Leib aus. Obwohl er an Höhenangst litt, ging er in die Berge, um zu klettern. Er betrachtete es als Parabel für das Leben, denn beim Klettern wird der Mensch mit seinen Ängsten konfrontiert, überwindet innere und äußere Hindernisse, trainiert Körper und Willen. Und er lernt, den eigenen Fähigkeiten zu vertrauen. Abwechslung und Herausforderung führen zu Vitalität, zu einer positiven, dynamischen Spannung.

Wir können Vergangenes zurücklassen und neue Wege gehen – auch wenn es hin und wieder Überwindung kostet.

Das Zitat »Ich muss mir von mir selbst nicht alles gefallen lassen« beschreibt pointiert die Trotzmacht des Geistes, zu der ein jeder imstande ist. Was ist damit gemeint? Kurz und etwas fidel gesagt: Wir können mit etwas Trotz mutig in unsere Freiheit hineinleben. Trotzig können wir gegen unsere destruktiven Gedanken, Glaubenssätze und alles, was uns zurückhält, rebellieren und uns von sinnvollen Entscheidungen und Handlungen nicht abhalten lassen. Jede Situation hat doch mindestens zwei Seiten und kann aus positiven und negativen Blickwinkeln betrachtet werden. Das Überraschende daran ist, dass das Vorzeichen der Betrachtungsweise auf die Situation übergeht. Denn die Dinge sind nicht so, wie sie sind, sondern wie wir sie betrachten. Worauf also lenke ich meinen Blick?

Fest steht: Das, worauf ich schaue, wird sich vergrößern. Also, warum nicht einen guten Gegenpol zu den sich aufdrängenden Gedanken von Angst und Sorge aufbauen und bewusst andere, ermutigende und erfrischende Gedanken zulassen und die damit einhergehenden Gefühle intensivieren?

Sie werden Dich stärken, um Deinen eigenen Weg zu gehen. Das Potenzial dazu ist in uns verankert und steht jedem von uns zur Verfügung.

Trotz widriger äußerer Umstände oder innerer Bedrängnis über sich hinauszuwachsen, gelingt, sobald ein Mensch einen tieferen Sinn in seinem Tun wahrnimmt, sich nach etwas ausrichtet, was größer ist als er selbst.

Viktor Frankl beschreibt diese Erfahrung so: »Nehme ich einen Menschen so, wie er ist, dann mache ich ihn schlechter. Nehme ich einen Menschen aber so, wie er sein kann, und schließe seinen Willen zum Sinn in dieses Bild ein, dann wird er zu dem, was er werden kann, dann mobilisiert er sein ganzes Potenzial.«[2]

ÜBUNG: DEIN LEBENSKREIS (TEIL I)

Eine sehr effektive und berührende Übung in der Natur ist das Legen oder Zeichnen eines Lebenskreises. Dies ist eine gute Momentaufnahme Deiner derzeitigen Lebenssituation, eine weitere Form der Standortbestimmung. Mit dieser Übung kannst Du Deine einzelnen Lebensbereiche (Beruf, Partnerschaft usw.) mit Deinen Talenten, Fähigkeiten und Werten verknüpfen und diese sichtbar machen.
Bereits der erste Teil der Übung, der nachstehend beschrieben wird, führt schnell zu einer Klarheit darüber, welches Thema für Dich jetzt gerade dran ist. Den zweiten Teil der Übung findest Du im Kapitel »Wohin führt Dein Weg?«.

Suche Dir einen geeigneten Platz in der Natur, wo Du einen großen Kreis auf den Untergrund ziehen oder mit kleinen Steinen o. Ä. legen kannst. Dieser Kreis stellt Dein Lebensrad dar – ein Bild für all das, was Dein Leben ausmacht: Partnerschaft, Familie, Freunde, Deine Arbeit, ggf. die berufliche Karriere, Deine Wohnsituation, Gesundheit, Sport, Spiritualität, Besitz, Kreativität, Zeit für Dich selbst usw.
Wähle in einem ersten Schritt bitte die Lebensbereiche aus, die für Dich besonders wichtig sind. Schreibe die Begriffe auf Kärtchen, die Du in den entsprechenden Kreisabschnitt legst, und verwende dabei Deine eigenen Worte. Oder suche in der Natur jeweils einen Gegenstand, der diesen Lebensbereich für Dich symbolisiert.

Überlege Dir, wie viel Energie momentan in jeden Lebensbereich fließt, und mache dies ggf. auch in irgendeiner Form sichtbar, entweder indem Du die Begriffe auf den Kärtchen unterschiedlich groß darstellst oder mit kleinen Steinen markierst.

Wenn Du fertig bist, nimm Dir bitte Zeit für die Betrachtung Deines Lebensrades.

- Wie fühlst Du Dich, wenn Du Dir alles ansiehst? Was fällt Dir auf? Was überrascht Dich?
- In welchen Bereichen bist Du rundum zufrieden? Wie ist es dazu gekommen?
- In welchen Bereichen bist Du unzufrieden? Und warum?
- Gibt es Lebensbereiche, die momentan zu kurz kommen? Wenn ja, warum?

In Bewegung kommen

Wenn wir einen Standort gefunden haben, der uns entspricht, wenn unsere Lebensumstände so sind, dass sie unsere Entwicklung fördern, dann fällt es uns leicht, in Bewegung und ins Handeln zu kommen. Dann haben wir die Kraft dazu und können unsere Energie dafür einsetzen, zu wirken und uns zu entfalten.

Die ursprünglichste Form der Bewegung ist das Gehen. Die Art, wie wir gehen, drückt viel über unsere Befindlichkeit aus. »Wandern ist eine Tätigkeit der Beine und ein Zustand der Seele«, beschreibt Josef Hofmiller diesen Zusammenhang. Und es gibt in unserer Sprache noch viele weitere Hinweise, welch zentrale Bedeutung das Gehen für uns hat.

»Willst du mit mir gehen?« Unzählige Liebeleien zwischen Teenagern nahmen vermutlich mit dieser Frage ihren Anfang. In der Redewendung »Ich gehe völlig konform mit dir« bestätigt man, dass man einer Meinung ist. Der gemeinsame Gehrhythmus ist für ein harmonisches Miteinander von besonderer Bedeutung. Zu Beginn schwingt man sich aufeinander ein, man stimmt sich ab und findet dann ein gemeinsames Tempo. Vielleicht ist es am Anfang noch ungewohnt, doch meist stellt sich schnell eine gewisse Routine ein. Man einigt sich, wann eine Etappe durch eine Erfrischungspause unterbrochen wird und wann man wieder aufbricht. Wenn es »gut läuft«, erreicht man gemeinsam das gewünschte Ziel.

Wenn ich mit Gruppen arbeite, setze ich gerne eine interessante und für die Teilnehmer*innen überraschende Übung ein. Sie beginnt mit der Aufforderung: »Geht einmal so, wie es euch gerade in den Sinn kommt – ohne darüber nachzudenken, was andere von euch denken könnten. Was dir als Erstes einfällt, ist das Richtige.« Welche Sprünge und welches Jauchzen ich da schon gesehen und gehört habe – einfach herrlich! Es ist befreiend, einmal alles Konformistische und Angepasste abzulegen und seinem Ich freien *Lauf* zu lassen!

Es geht bei dieser Übung darum, wahrzunehmen, was gerade ist, und einen Ausdruck dafür zu finden. »Ah, es geht um das ›Was geht ab – in mir‹«, sagte humorvoll eine noch sehr junge Mitwanderin zu mir. Ja, genau, darum geht es!

Und nicht nur um das Was, sondern auch um das Wie. Wie gehe ich?

Bin ich eigentlich in dem für mich passenden Tempo unterwegs? Sollte ich vielleicht eine andere Ge(h)schwindigkeit ausprobieren? Gehe ich aufrecht oder gebeugt? Wie ist meine Haltung?

Die Aufforderung, langsam zu gehen, grenzt für manche meiner Mitwander*innen schon fast an eine Zumutung. Es ist gar nicht so einfach, wenn man gerade noch im Hamsterrad des Alltags unterwegs war, sich auf jeden einzelnen Schritt einzulassen, die Geschwindigkeit zu drosseln und sich Zeit für sich zu nehmen.

Auch ich muss mich immer wieder »runterdrosseln«, wenn ich für mich allein in der Natur unterwegs bin. Was mir in der Begleitung mit Menschen gut gelingt, ist für mich allein manchmal schwer umzusetzen. Wenn ich mir nach einem vollen Arbeits- und Familientag mit Kindern, Mann und Hund am späten Nachmittag meine Naturauszeit nehme, bin ich manchmal diejenige, die selbst auf schönsten Naturwegen im Stechschritt gedankenverloren ihre Runde abreißt. Dann plane ich in Gedanken den nächsten Kindergeburtstag, gehe die Wochenaufgaben durch und denke an den längst überfälligen Anruf bei Tante Ilse.

Was bringt das eigentlich? Wenn ich ehrlich bin: nichts! Offen gestanden: Ich bekomme in einem solchen Zustand gar nichts mit von meiner Umgebung, weil ich in meinen scheinbar wichtigeren Welten versunken bin. Das ist dann ungefähr so, als würde man zur Tankstelle fahren, weil der Tank leer ist, aber man tankt nicht. Ziemlich sinnlos, oder? Ich gehe zur Naturtankstelle und tanke nicht auf. Nach solchen Tagen bin ich am Abend nur noch erschöpft und missmutig.

Auch ich darf mich immer wieder üben, das Gehen nicht als Bewegungsmöglichkeit, sondern als Wert, als Ritual, als hilfreichen Rhythmus zu verstehen, um Geist, Körper und Seele in Einklang zu bringen. Ich darf mir herausnehmen, langsam zu sein.

Im Alltag legen wir in Autos, Zügen und Flugzeugen immer größere Entfernungen zurück, aber wir gehen immer weniger zu Fuß. Dabei können wir so viel entdecken, wenn wir uns langsam in der Natur bewegen.

Es ist keine neue Erkenntnis, dass es einen Zusammenhang gibt zwischen einem gleichmäßigen, rhythmischen Gehen und der Klarheit und Aktivität unserer Gedankenwelt. Aristoteles begründete die Schule der Peripatetiker, die ihren philosophischen Unterricht in sogenannten Wandelhallen durchführten. Die Gelehrten diskutierten und philosophierten angeregt mit ihren Schülern, während sie gemeinsam ihre Runden zogen.

Wir können uns bei unseren Naturaufenthalten darin üben, eine aufrechte, entspannte und achtsame Haltung einzunehmen, die geprägt ist von vitaler Aufmerksamkeit. Dies wird sich auch in unseren Gedanken widerspiegeln.

ÜBUNG: GEHMEDITATION FÜR ZWISCHENDURCH

Unser Gehen ist uns oft wenig bewusst, es geschieht automatisch und wir sind währenddessen mit vielen anderen Dingen beschäftigt. Wir sind in Gedanken schon beim nächsten Termin oder planen den bevorstehenden Einkauf. Du kannst Dir für Deinen nächsten Weg vornehmen, die Zeit des Gehens als *Deine* Zeit zu nutzen.
Versuche, jeden Deiner Schritte bewusst wahrzunehmen. Konzentriere Dich nur auf Deinen Gehrhythmus. Finde Dein Tempo. Nimm wahr, wie die Füße abwechselnd den Boden berühren. Bewerte nicht, sondern beobachte Dich still und interessiert. Schicke einen tiefen Atem durch Deinen Körper und lass die verbrauchte Luft während des Gehens in drei Zügen wieder heraus. Gerne kannst Du diese Atemtechnik einige Male wiederholen. Wenn doch Gedanken auftauchen, konzentriere Dich wieder auf Deine Füße und nimm die Bewegung Deines Körpers wahr.
Du kommst Schritt für Schritt mehr in die Ruhe und Gelassenheit dieses Augenblicks. Vielleicht gelingt es Dir, für einen Moment in diesen inneren Raum einzutreten und in Deine Mitte zu gelangen. Mit dieser Mini-Geh-Auszeit schenkst Du Dir wert- und sinnvolle Momente der Regeneration und Ruhe.

Was trägst Du?

Ein Rucksack zum Glück

Ich habe viele, viele Urlaube auf einer kleinen Hütte in den österreichischen Alpen verbracht. Das Steinhaus auf 1600 Metern Höhe befindet sich fernab von den Touristenhochburgen und es ist nicht mit dem Auto erreichbar. Nur ein schmaler, steiler Fußweg führt hinauf.

Anni kümmert sich um die Hütte und nimmt die Gäste in Empfang. Ihr sonnengegerbtes Gesicht erzählt viel von den Herausforderungen und Freuden des Berglebens und trotz ihres Alters wirkt sie vital und fit. Im Laufe der Jahre haben wir uns angefreundet und die Gespräche mit ihr sind mir ans Herz gewachsen.

Als sie mich während eines meiner Aufenthalte spontan zu ihrer Lieblingswanderung einlädt, sage ich freudig zu und stopfe schnell ein paar Sachen in meinen Rucksack. Anni wartet auf der Holzterrasse auf mich und trinkt Tee, den sie aus würzigen Bergkräutern aufgegossen hat. Als ich mich zu ihr setze, deutet sie auf meinen Rucksack: »Kumm, auspapierln.« Ich schaue sie überrascht und fragend an. Das Wichtigste für das Gelingen einer Wanderung, erklärt sie, sei es zu wissen, was man mitschleppt. Ich zögere – aus gutem Grund, denn meinen Rucksack, der mein ständiger Begleiter ist, habe ich lange nicht mehr geleert.

Doch dann packe ich ihn vor Annis Augen aus. Sie gibt keine Ruhe, bis jede Tasche und jedes Fach leer ist. Ich staune nicht schlecht, als sich am Ende alle möglichen Sachen über die gesamte Tischplatte verteilen. Über längst vermisste Mützen bis hin zu sage und schreibe vier Tuben Hand- und Sonnencreme ist so ziemlich alles dabei. Wie und wann ist das alles in meinen Rucksack hineingekommen? Vieles davon hatte ich tatsächlich vergessen, einiges schon vermisst und anderes an einem vollkommen anderen Platz verzweifelt gesucht.

»Was davon brauchst du heute wirklich?«, fragt mich Anni und schaut mich dabei verschmitzt an. Ich muss nicht lange nachdenken und packe natürlich nur noch einen Bruchteil der vor mir liegenden Sachen in den Rucksack. Als ich ihn wieder schultere, ist die Last auf meinem Rücken viel leichter geworden. Waren es auch nur Kleinigkeiten, haben sie zusammen doch ein ziemliches Gewicht ergeben. »Kleinvieh macht auch Mist«, meint Anni und ruft mir ein fröhliches »Pack ma's!« entgegen.

Kennst Du dieses Gefühl, überflüssigen Ballast mit Dir herumzuschleppen, der nur Dein Leben schwer macht? Oder geht es Dir sogar so, wie es mir gegangen ist? Ich wusste ja noch nicht einmal mehr, welche unnötige Last ich eigentlich in meinem Rucksack trug.

Wenn der Lebensrucksack zu schwer ist

So wie wir Mützen, Cremetuben und ausgetrocknete Filzstifte unnötigerweise mit uns herumtragen, beschweren Blockaden und Muster, Ängste und Probleme und all die kleinen und großen Sorgen unseren Lebensrucksack. Eben alles, was uns hindert, ein Leben zu führen, in dem wir uns wirklich zu Hause fühlen. Und irgendwann merken wir gar nicht mehr, wie schwer unser Rucksack mit den Jahren geworden ist. Es ist deshalb hilfreich und unbedingt notwendig, genauer hinzuschauen auf unsere »Rucksack-Themen«.

Auch ich hatte meine Ängste, Verletzungen und Schamgefühle gut und lange verstaut. Und zwar so sehr, dass ich ganz vergessen hatte, dass sie existieren. Manches hatte ich sogar in ein Geheimfach verbannt, in der Hoffnung, dort würde es sich wie von Zauberhand auflösen – was natürlich nicht passiert ist. Aus der Tiefe haben all diese Päckchen mein Leben trotzdem belastet, sich auf die eine oder andere Weise immer wieder »zu Wort gemeldet«. Das Leben signalisiert uns deutlich, wann was dran ist. Als ich am Ende meiner Kräfte war, konnte ich nicht mehr wegsehen und weghören. Und ich begann, meinen Lebensrucksack auszupacken und neu zu sortieren.

Zu diesem Zeitpunkt glich mein Leben einem »Höher-schneller-weiter-Event« mit vielen Reisen, schicken Autos und luxuriösen Urlauben.

Aufgewachsen bin ich in einer idyllischen Bauernschaft am Niederrhein. Nach dem Abitur tauchte ich in die Bankenwelt ein und erreichte innerhalb weniger Jahre die Führungsetagen im mittleren Management. Zudem war ich Mitglied im Entscheidungsgremium des Institutes, für das ich arbeitete, was für eine junge Frau damals noch recht unüblich war.

Werte, die mir in meiner Jugend wichtig waren, vernachlässigte ich. Ich verlor den Kontakt zu lieben Freunden, begrenzte die Zeit, die ich mit meiner Familie verbrachte, auf ein Minimum und verließ auch mein heimatliches Umfeld. Und noch etwas fand in meinem neuen Leben keinen Platz mehr. Ich hatte den Kontakt zu Gott verloren und auch dieses Gefühl, sich voller Vertrauen gut aufgehoben zu wissen.

Und das, obwohl der Glaube an Gott in meinem Leben bis dahin eine große Bedeutung hatte. Ich besuchte eine Klosterschule, der Rhythmus des Kirchenjahres spielte dort eine entscheidende Rolle. Die Morgenandachten in der Schulkapelle waren mir die ganze Schulzeit über sehr wichtig und ich fühlte mich dabei ganz und gar geborgen. Die besondere Atmosphäre und der Kerzenduft halfen mir, zur Ruhe zu kommen und zu beten.

Auch als junge Frau blieb ich der Kirche verbunden und engagierte mich in der Gemeinde. Doch aus alldem brach ich im Laufe meiner Karriere bei der Bank aus und führte ein gänzlich anderes Leben. Dabei war alles, was gerade spannend war, und so verpasste ich um ein Haar das Eigentliche – mein Abenteuer mit Gott.

Gott sei Dank rebellierte meine zarte, feinsinnige Seele und kämpfte darum, dass mein Leben wieder in die richtige Richtung ging. Weil ich mich jedoch nicht schnell beirren ließ, musste ich erst krank und damit zu einer Kurskorrektur gezwungen werden. Mit 32 Jahren erkrankte ich an einer Essstörung. Was mit dem Wunsch begann, mein Gewicht zu optimieren, endete in einem tragischen Teufelskreis aus Hunger, Verzicht und Verzweiflung. Nach einem totalen Zusammenbruch verordnete mir meine Therapeutin eine Auszeit. Ich flüchtete in ein kleines Ferienhäuschen an einem einsamen See, wo ich Ruhe und Geborgenheit fand. Aber der Lärm in mir blieb. Ich versuchte, durch Joggen wieder fit zu werden. Denn innezuhalten, war bei mir nicht vorgesehen, nur Leistung zählte.

So drehte ich meine Joggingrunden durch den Wald – egal, ob es warm oder kalt, trocken oder nass war. Gehetzt von mir selbst, gedrängt zur Höchstleistung – im Kampf um jede Kalorie. Doch während einer dieser trostlosen Runden um den See war auf einmal dieser Gedanke da: »Mein Kind, du darfst immer zu mir beten!« Aber es war mehr als ein Gedanke, es war eine deutliche innere Stimme, der ich nicht ausweichen konnte.

Ich blieb erstaunt stehen – dabei war stehen bleiben eigentlich ein No-Go in dieser Zeit, in der für mich nur vollständig gelaufene Runden zählten. Am bewölkten Himmel erkannte ich zwischen den dichten Wolken eine kleine, leuchtend blaue Lücke, durch die die Sonne mit Macht ihr Licht sandte: Plötzlich wurde mir klar: »Du bist gar nicht allein. Du bist es nie gewesen.« Und ein unendliches Glücksgefühl durchströmte mich.

Doch die Zweifel folgten auf den Fuß: Habe ich mir das nur eingebildet? Wahrscheinlich werde ich jetzt verrückt. War das alles nur Fantasie oder war es meine tiefe Sehnsucht, wieder heimzukehren?

Ausgehungert und sinnentleert spürte ich zum ersten Mal nach vielen Jahren einen Funken Hoffnung. Gott klopfte nach langer Zeit wieder an meine Tür. Und ich wollte diesem hoffnungsvollen Funken trauen.

Aber die Krise war noch nicht überwunden. Im Gegenteil, ich steckte mittendrin. Dann entdeckte ich in meiner Lieblingsbuchhandlung ein Buch des Wiener Psychologen Viktor Frankl. Es trug den Titel *... trotzdem Ja zum Leben sagen.* Und genau das wollte ich! Ich wollte Ja zum Leben sagen. Ich wollte wieder gesund werden und meinem Leben einen Sinn geben. Auch wenn ich noch nicht ahnte, was es sein konnte, wusste ich dennoch, dass alle Zeichen auf Veränderung stehen.

Ich fing deshalb zaghaft an, meinen damaligen »Rucksack« auszupacken und mich all dem zu stellen, was ich entdecken würde. Ich fand das übertriebene Streben nach Anerkennung, nach äußerer Schönheit genauso wie die mannigfaltigen Ablenkungen und Zerstreuungen, die mich vom Wesentlichen abbrachten. Und ich fragte mich, wie all das nur in mein Leben gekommen ist. Wie wollte ich damit weiter umgehen?

Ich las Frankls Buch und auch wieder regelmäßig in meiner Bibel und bekam – ohne dass ich danach fragte – plötzlich von ganz unterschiedlichen Menschen unerwartet Unterstützung. Die Impulse kamen sogar von Menschen, die mit Glauben überhaupt nichts am Hut hatten. Ich fand meinen Weg zurück zu Gott, und dies intensiver als je zuvor. Gleichzeitig verfolgte ich die zweite Spur und fand heraus, dass ich in Wien eine Ausbildung in Logotherapie und Existenzanalyse machen könnte. Aber wie sollte das gehen? Ich lebte am Niederrhein und hatte dort einen gut bezahlten Job. Sollte ich all das aufgeben, was ich mir mühevoll aufgebaut hatte?

In dieser Zeit lernte ich meinen heutigen Mann Joachim kennen. Als er mir nebenbei erzählte, dass er beruflich häufiger in Wien zu tun habe und ich ihn einmal dort besuchen solle, verschlug es mir die Sprache. Hatte ich da richtig gehört? Nicht Hamburg, Stuttgart oder Salzburg – sondern ausgerechnet Wien? »Es ist eine wunderbare Stadt«, schwärmte er. Natürlich besuchte ich ihn und nutzte den Aufenthalt, um mir vor Ort das Studieninstitut und auch das Viktor-Frankl-Zentrum anzuschauen.

Unsere Beziehung festigte sich und in mir reifte der Entschluss, die lukrativen, gut ausgebauten Wege, die ich bisher beschritten hatte, zu verlassen und stattdessen den »Abzweig« zu nehmen. Ich folgte Joachim nach Wien und ließ mich dort sechs Semester lang in Logotherapie und Existenzanalyse ausbilden. Gleichzeitig wurde ich wieder vollkommen gesund und ich fand wieder Zugang zu meiner Spiritualität. Dieses Zurück-zu-Gott fühlte sich so an, als hätte sich dieser Weg langsam wieder zu mir gebahnt. Und zwar ohne dass ich viel dazu tat. Mein neuer Weg wurde besiegelt mit einem sehr intensiven Erlebnis – wie sollte es anders sein? – in der Natur.

Neues einpacken

Ich war damals für eine Woche in Grainau, einem kleinen Ort unterhalb der Zugspitze. Als Teilnehmerin einer Kurzzeittherapie bei Essstörungen hatte mich die Therapeutin zum Abschluss einer intensiven Woche eingeladen, selbstständig ein »Turnaround-Erlebnis« in der Natur durchzuführen, bei dem ich Belastendes zurücklassen konnte. Es sollte für alle Teilnehmenden einen Schlusspunkt markieren und einen Neubeginn einläuten. Ich hatte mir für das Ritual des Turnarounds den Eibsee ausgesucht, um diesen besonderen Moment zu würdigen. Ich beschriftete einen Stein mit allem, was ich endgültig zurücklassen wollte. Am Ende fiel mir auf, dass mir nicht in den Sinn gekommen war, auch die Essstörungen auf den Stein zu schreiben. Nun war aber kein Platz mehr dafür. Deshalb nahm ich ein Stück einer Schlingpflanze und umwickelte den Stein damit; als Symbol dafür, dass mich die Erkrankung im Griff hatte und immer noch gefangen hielt. Bei meiner Wanderung am Eibsee fühlte ich mich von einem Steg angezogen. Ich ließ mich an seinem Ende nieder – den Stein mit der Schlingpflanze in den Händen – und wartete auf den passenden Moment. Irgendwann war der Impuls da und ich warf den Stein vor meinen baumelnden Füßen in den See. Er sank sofort und verschwand in der Tiefe. Doch was war das? Mit einem Mal kam etwas Grünes zurück an die Oberfläche. Ich wollte es nicht glauben und bekam eine Gänsehaut. Es war die Schlingpflanze. Konnte ich »ihr« nicht entkommen? Wie versteinert blickte ich auf die Wasseroberfläche, bis ich durch drei zart hallende Glockenschläge, die offenbar von dem Glöckchen einer Bergkapelle kamen, aus meiner Starre herausgerissen wurde und meinen Blick nach oben zu dem gigantischen Bergmassiv richtete. Als ich wieder auf die Wasseroberfläche sah, war die Pflanze an mir vorbeigeschwommen, langsam zwar, aber so weit, dass sie meinen Blickwinkel schon fast verlassen hatte. Und mit einem Mal stellte sich bei mir die tiefe Gewissheit ein, dass es auch in meinem Leben so sein wird. Ich werde die Essstörung hinter mir lassen können.

Damit begann eine der spannendsten und segensreichsten Etappen meines Lebens. Als ich meine logotherapeutische Ausbildung abschloss, war ich mit unserer Tochter schwanger – und das, obwohl man mir attestiert hatte, dass es wegen der Spätfolgen der Essstörung für mich kaum möglich sein würde, einmal Mutter zu werden. Gott hat mich durch die gefährlichste Krise meines Lebens geleitet und über die Logotherapie sowohl arbeitsmäßig als auch privat zu meiner Berufung geführt: Ich begleite Menschen, die allesamt Herausforderungen unterschiedlichster Art in ihrem Lebensrucksack tragen. Sie suchen sinnvolle Antworten auf das, was in ihrem Leben geschieht. Sie sehnen sich danach, dass ihr Leben gelingen möge. Deshalb arbeite ich aus tiefster Überzeugung heute als Logotherapeutin. Denn für mich ist die Logotherapie *die* Beratungs- und Coachingform unserer Zeit. Weil ihr Konzept auf der Annahme beruht, dass der Mensch zutiefst danach strebt, sein Leben in einem Sinnzusammenhang zu verstehen, wird sie auch als sinnzentrierte Psychologie bezeichnet. Sie geht davon aus, dass ein Mensch ohne die Erfahrung von Sinn leicht in eine »existenzielle Frustration« fällt, die zum gefährlichen Nährboden wird für seelische Störungen aller Art. Indem innere Sinnfülle wiedergewonnen werden kann, ist seelische Gesundung auf breiter Basis möglich. Und genau das ist das heilende Ziel der Logotherapie – und meine Aufgabe als Begleiterin.

Ich habe damals in meinen Rucksack viel gutes Neues hinzugefügt, manches losgelassen und anderes neu sortiert. Ein Platz war darin aber noch leer geblieben. Er sollte sich erst füllen, als mein Praxisraum renoviert werden musste. Ich hatte für einige Zeit keinen Ort, an dem ich meine logotherapeutischen Beratungen durchführen konnte. Kerstin, die ich schon seit einiger Zeit begleitete, fragte mich, ob wir dann nicht wenigstens zusammen ein paar Schritte um den nahe gelegenen See gehen könnten. Bei diesem Gang machte ich eine erstaunliche Entdeckung: Was bei der Arbeit im geschlossenen Raum schwierig war, gelang draußen wie von selbst. Kerstin nahm die Natur als Spiegel ihres Lebensthemas wahr und erschloss sie sich als Kraftquelle für eine Veränderung, die sie schon lange vor sich herschob.

Für mich hat sich damit ein Kreis geschlossen. Ich erinnerte mich an die vielen Momente meiner Kindheit, in denen ich Gott und auch mir selbst vor allem in der Natur nahe war. Dass sich einmal meine Arbeit als Logotherapeutin mit meiner Leidenschaft für die Natur verbinden könnte, hätte ich im Traum nicht gedacht.

Das alles geschah nicht von heute auf morgen. Es war ein langer, herausfordernder Weg, der viel Geduld und Ausdauer benötigte. Eine wichtige Erkenntnis aus dieser Zeit ist: Erst wenn wir bereit sind anzunehmen, was ist, können wir erste Schritte der Veränderung gehen.

Ich möchte Dich deshalb von Herzen ermutigen, Dir Dein Lebensgepäck anzuschauen – ohne direkt alles zu bewerten, ohne zu verurteilen und mit einer guten Portion Sanftmut und Verständnis für Dich selbst.

Bei der Suche nach dem, was Deinen Lebensrucksack beschwert, kann es hilfreich sein, sich folgende drei Bereiche anzuschauen: Personen und Situationen, Wesens- und Charakterzüge sowie Muster und Gewohnheiten.

Personen und Situationen

Kennst Du das? Es gibt Menschen, in deren Gegenwart wir uns pudelwohl fühlen. Mit denen wir lachen, weinen und einfach sein können. Die wir unsere Freundinnen und Freunde nennen und auf die wir uns verlassen können. Und das genaue Gegenteil gibt es auch: Menschen, bei denen wir das Gefühl haben, wir müssten auf der Hut sein. Die irgendwie nicht kompatibel mit uns sind und uns ein ungutes und unsicheres Gefühl geben. In deren Gegenwart wir uns klein und schutzlos fühlen. Bei denen wir jedes Wort vorsichtig auswählen und gehemmt oder sogar planlos sind.

Ähnlich ist es mit den Situationen und Begebenheiten unseres Alltags. Da gibt es solche, die wir meistern und aus denen wir gestärkt und zufrieden hervorgehen. Die uns das Gefühl geben, wir haben unser Leben fest in der Hand und können es gestalten. Andere Situationen passen nicht zu unseren Werten und Vorstellungen von Leben. Die Erinnerungen daran rauben uns den Schlaf. Wir fühlen uns unwohl und überfordert. Auch weil wir das Gefühl haben, die Kontrolle zu verlieren.

Sowohl Personen als Situationen können uns das Leben schwer machen. Ein erster Schritt in die Freiheit ist es, sich bewusst zu werden, was ein bestimmter Mensch oder eine Situation in Dir auslösen. Dann frage Dich: Wie will ich damit umgehen? Wozu fordert mich diese Situation oder ein bestimmter Mensch auf?

Diese Fragen stellte sich auch Caro, die zu mir gekommen war, weil sie sich eine Klärung der Beziehungen in ihrem Leben wünschte. Als sie festgestellt hatte, dass sie am liebsten den Kontakt zu ihrer langjährigen Freundin abbrechen wollte, saß sie traurig vor mir und sagte: »Aber das kann ich doch nicht machen!«

Im Alltag geht uns das Gefühl für unseren Freiraum oft verloren. Wir sind vereinnahmt von den Verpflichtungen, von den Beziehungen und Aufgaben und verlieren das Gespür dafür, dass wir in jedem Moment die Wahl und somit auch den Freiraum haben, was wir in unseren Lebensrucksack packen. Zu entscheiden, was wir weiterhin bewusst mit uns herumtragen möchten – und was wir erst einmal auspacken und zurücklassen wollen.

In manchen Fällen ist es vielleicht besser, für einige Zeit auf Abstand zu gehen gegenüber dem, was Dich bedrängt. Doch nicht immer wird es möglich sein, Personen oder Situationen aus dem Weg zu gehen. Dennoch bist Du dem Geschehen nicht hilflos ausgeliefert. Denn: Wer mich heute beleidigen darf, das entscheide immer noch ich. Diese Lebensweisheit habe ich von einer früheren Dozentin mitgenommen. Was diese kluge Frau in einem Satz formuliert, ist eine sehr wichtige Fähigkeit: das Vermögen, den Freiraum wahrzunehmen, den jede Situation mit sich bringt. Den Freiraum, wie ich auf das, was mir vor die Füße gelegt wird, reagiere.

Haben wir wirklich die Möglichkeit, uns die Freiheit zu nehmen und frei zu entscheiden? Ja, das haben wir!

Charakter- und Wesenszüge

Jedem und jeder von uns sind bestimmte Wesens- und Charakterzüge in die Wiege gelegt. Sie sind weder gut noch schlecht, stellen uns aber vor je unterschiedliche Herausforderungen.

Einem Menschen, der besonders zielorientiert, temperamentvoll und fordernd ist, kann dies – wenn er es übertreibt – schnell zum Verhängnis werden. Das Gleiche gilt für diejenigen, die besonders diszipliniert agieren. Sie alle können zum Getriebenen ihrer eigenen Ansprüche werden.

Diejenigen, die eher zurückhaltend und bescheiden daherkommen, werden – wenn sie ausschließlich diese Wesenszüge ausleben – schnell übersehen oder nicht ernst genommen.

Mit unseren Wesenszügen sind also manchmal Verhaltensweisen verknüpft, die uns und anderen das Leben schwer machen. Doch wir sind dem nicht ausgeliefert. Wir können unsere persönlichen »Themen« in den Blick nehmen, uns ihnen stellen und uns auf diese Weise besser kennenlernen. Und wir können Veränderungen anstreben, die zu mehr Lebensqualität und Zufriedenheit führen.

Zum einen ist es wichtig zu erkennen, wo ich gegebenenfalls übers Ziel hinausschieße. Und dann zu überlegen, wie ich Schritt für Schritt eine Kurskorrektur vornehmen kann. Wie will ich mit dem *Zuviel* oder *Zuwenig* umgehen? Was möchte ich neu lernen? Was möchte ich auf welche Weise vielleicht abmildern? Was soll wieder den Weg zurück in meinen Rucksack finden? Und was soll draußen bleiben?

Die Möglichkeit, sich selbstwirksam eigene Wesens- und Charakterzüge, die nicht lebensfreundlich, dafür aber sehr hartnäckig sind, vor Augen zu führen, hat so manche meiner Mitwander*innen überrascht. Wenn ich bewusst Entscheidungen treffe, von was oder von wem ich mich verabschieden möchte, übernehme ich Verantwortung für mich und meine Ressourcen.

Viele meiner Mitwander*innen tragen auf meine Anregung hin ein kleines, leeres Kästchen in ihrer Tasche bei sich. Es symbolisiert für sie den Freiraum, den sie immer im Gepäck haben. Die Möglichkeit, frei zu entscheiden, frei auf das zu reagieren, was das Leben ihnen hinhält.

Wenn mir meine Fallstricke, meine Wesens- und Charakterfallen, bewusst sind, kann ich entscheiden, wie ich damit umgehen möchte. Es geht dann darum, dass die lebensfeindlichen Seiten nicht mehr so viel Raum wie bisher einnehmen, damit noch genügend Platz für gute, neue Verhaltensweisen in meinem Lebensrucksack ist.

Lebt ein Mensch extrem diszipliniert, stets verlässlich und korrekt in seinen Zusagen, können daraus übersteigerte Erwartungen an andere und vor allem sich selbst gegenüber entstehen. Caro, die ich oben erwähnt habe, ist so jemand. Immer zuverlässig, stellte sie das Wohl der anderen über ihres und wollte es allen recht machen. So wurde es ihr fast unmöglich, ihre eigenen Bedürfnisse ernst zu nehmen und sich von den Menschen, die ihr nicht guttaten, abzugrenzen. Nachdem sie jedoch erkannt hatte, dass sie ein Übermaß an Zuverlässigkeit lebte, konnte sie den Satz »Das kann ich doch nicht machen« verändern in »Ich bin so frei!«.

Muster und Gewohnheiten

Gewohnheiten sind kleine Helfer, die unser Leben vereinfachen, und Automatismen, die uns durch den Alltag lotsen. Wer sitzt wo am Frühstückstisch? Wie läuft die Zeit ab, nachdem der Wecker geklingelt hat, bis wir das Haus verlassen? Wo legen wir unseren Haustürschlüssel ab, damit wir ihn direkt finden, wenn wir ihn suchen? Welchen Platz bevorzugen wir in der S-Bahn?

Die meisten Gewohnheiten ergeben Sinn, denn sie unterstützen uns, uns in unserer komplexen Welt zurechtzufinden. Sie helfen uns, Entscheidungen zu treffen, weil wir die Reaktion schon tausendfach geübt haben.

Hier ist aber auch der Haken: Denn manche unserer Gewohnheiten und Muster schaden uns eher, als dass sie uns nützen. Zum Beispiel kann etwas, was kurzfristig hilfreich ist, um uns zu entspannen, langfristig schaden: hier mal ein Stückchen Schokolade, um die Nerven zu beruhigen, donnerstags zum Mittagessen immer einen Döner von der Imbissbude, da eine Zigarette, um die Pause zu legitimieren, die ich mir sonst nicht nehmen würde. Offensichtlich werden diese Verhaltensmuster oft erst dann, wenn sie unsere Gesundheit belasten. Wenn häufiges Fast Food sich auf der Waage niederschlägt, der Rücken vom ständigen Sitzen schmerzt oder der Raucherhusten nicht mehr zu ignorieren ist.

Nicht so leicht zu identifizieren sind negative Denkgewohnheiten, unsere inneren Monologe, die im Verborgenen ablaufen. Sie drehen in unseren Köpfen beharrlich ihre Runden und lassen uns geschwächt und verunsichert zurück. Aber auch hier lohnt es sich, genau hinzuschauen, um Lebensfeindliches dingfest zu machen.

Schreib Dir all Deine Verhaltens- und Denkgewohnheiten auf, die Du Dir anschauen möchtest. Wenn Du herausgefunden hast, welche nicht wieder in Deinen Lebensrucksack zurücksollen, hilft es, wenn Du eine Alternative dafür findest. Sagen wir mal, Du hast bisher in stressigen Situationen zur Schokolade gegriffen. Was kannst Du stattdessen tun? Vielleicht Dein Lieblingsobst griffbereit haben, nach draußen gehen und frische Luft schnappen, ein Lieblingslied hören?

Im Bereich der Denkmuster sind negative Gedanken über uns selbst wahrscheinlich fast allen vertraut. Beispielsweise die Feststellung: »Ich bin nicht gut genug. Die anderen sind attraktiver, klüger, beliebter oder kompetenter als ich. So wie ich bin, kann ich ganz sicher nicht geliebt werden. Eigentlich ist alles, was ich hier mache, nur Fassade.«

Solche Glaubenssätze sind hartnäckig. Versuche deshalb, einen Satz zu finden, der Deine innere destruktive Stimme besänftigt. Das können Aussagen sein wie: Ich lerne noch. Oder: Ich bin genau richtig, so wie ich bin.

Und dann heißt es üben, üben, üben. Ein neues Verhalten und auch ein neuer Gedanke werden nur durch regelmäßige Wiederholung zur Gewohnheit. Auch wenn ich mit Gruppen unterwegs bin, sind die Gewohnheiten der Mitwander*innen mit dabei. Da gibt es die, die immer ein paar Meter vorausgehen, und solche, die stets den Kontakt zur Gruppe suchen. In meiner Wald-Meditationsgruppe ist es ein ungeschriebenes Gesetz, dass jeder und jede am gewohnten, eigenen Platz steht.

Du musst aus einer Trauerweide keine Eiche machen

Sebastian, der sich während unserer Wanderungen mit seiner immer wieder aufkommenden Melancholie auseinandersetzte, stellte einmal resigniert fest: »Aus einer Trauerweide kannst du eben keine Eiche machen.« Ich erwiderte spontan: »Und das ist auch gut so!«

Warum mir das in diesem Zusammenhang einfällt? Bei allen Möglichkeiten, sich neu auszurichten, sich zu verändern, manches loszulassen und anderes neu zu sortieren, können wir unsere Originalität und Einzigartigkeit nicht verleugnen. Sebastian zum Beispiel wäre allzu gern eine deutsche Eiche gewesen. Doch alles Sehnen nützt da nichts – Du kannst eben aus einer Trauerweide keine Eiche machen. Und Du musst es auch nicht. Denn ein jeder von uns hat einen Strauß von Talenten und Fähigkeiten mitbekommen, die nur er oder sie mit der eigenen, einmaligen Art und Weise in der Welt zum Leuchten bringen kann. Wir haben damit auch quasi den exklusiven Auftrag erhalten, mit allen vermeintlichen Schwächen unserem Leben einen Sinn zu geben und mit allen Herausforderungen unsere Möglichkeiten zu leben. Das geht als kraftvolle Eiche, die Stärke und Verlässlichkeit ausstrahlt. Das geht aber auch als Trauerweide, die rasch wächst und für Empfindsamkeit und Melancholie steht.

Das heißt konkret: Wir können die Herausforderungen unseres Lebens, egal welcher Art, als Aufruf verstehen. Als Frage, die das Leben uns stellt und die beantwortet werden will. Und mit dieser Antwort sind wir herausgefordert. Welche Antwort will ich geben?

Mit jeder Antwort verantworte ich mein Leben. Das ist ein entscheidender Punkt für die eigene Lebenszufriedenheit. Das

Gute ist: So werden wir selbst zu Gestalterinnen und Gestaltern unseres Lebens, denn niemand kann an unserer Stelle antworten. Nur wir können die Antwort geben, die zu uns und unserer Situation passt. Wir sind es, die Ja oder Nein sagen, die sich für oder gegen etwas entscheiden. Die Grenzen setzen und damit unserem Leben Richtung geben – und das fängt schon bei alltäglichen Dingen und persönlichen Verhaltensweisen an.

»Herrlich ist es, zu wissen, dass die Zukunft, meine eigene und mit ihr die Zukunft der Dinge, der Menschen um mich, irgendwie – wenn auch in noch so geringem Maße – abhängig ist von meiner Entscheidung in jedem Augenblick.«

Viktor Frankl[3]

Auch aus Steinen, die einem in den Weg gelegt werden, lässt sich etwas Schönes bauen

Dabei denke ich an Marie, die dies während einer gemeinsamen Wanderung für sich erkannt und angenommen hat. Sie war 32 Jahre alt und erst vor noch nicht allzu langer Zeit aus dem Elternhaus in eine eigene Wohnung gezogen. Kaum waren wir unterwegs, erläuterte sie mir weinend den Grund ihres Beratungswunsches. In zahlreichen therapeutischen Sitzungen hatte sie herausgefunden, dass sie durch ihren dominanten und zu Gewalt neigenden Vater in ihrer Kindheit sehr eingeschüchtert worden war. Sie beschrieb sich selbst als unsicher und mit nur geringem Selbstwertgefühl. Dies belastete ihre Beziehungen und das Verhältnis zu ihren Eltern.

Unter Tränen beschrieb Marie ihre Last wie einen »Brocken« auf ihren Schultern und in der Magengrube. Und resigniert fügte sie hinzu, dass es ja nun mal so gewesen sei und sie ihre Geschichte nicht ändern könne.

Maries Verzweiflung zeigt deutlich, dass man mit einem einseitigen Rückblick auf die eigene Biografie unter Umständen viel Zeit und Geld verbrauchen kann, nur um zu wissen, warum man so ängstlich, selbstzweiflerisch und depressiv geworden ist. Aber wie man das Leben trotz allem so gestalten kann, dass es als sinnvoll erlebt wird, und wie die Antwort lautet, die man auf diese besondere Lebenssituation geben möchte, das weiß man (noch) nicht.

Marie und ich gingen einen Weg entlang, an dem es viel zu sehen und zu finden gab. Weißdorn, Haselsträucher und Knoblauchrauke säumten den Weg, der uns an einen See führte. Es war windstill und das Wasser an der Uferkante plätscherte sanft.

Ich bat Marie, den Brocken, den sie in der Magengrube spürte, hier draußen zu suchen. Denn oft hilft es, die Last, die wir gefühlt mit uns tragen, körperlich spürbar zu machen. Sie entschied sich für einen ziemlich großen und schweren Stein, der mit einem Mal vor ihren Füßen lag. Sie hob ihn auf und trug ihn während unserer weiteren Wanderung mit sich.

Wir ließen den See hinter uns und ich lud sie ein, während des Gehens in Gedanken ihre aufgestauten Themen, die mit der Last verbunden waren, zu sammeln. Nach einer ganzen Weile hielt Marie inne und bat mich um einen Stift. Zur Sicherheit, um nichts zu vergessen, wollte sie alles auf ihren Stein notieren. Als sie dies getan hatte, fragte ich Marie, wie sie nun weiter damit umgehen wolle. Sie überlegte lange und zuckte schließlich mit den Schultern. Ich machte ihr daraufhin ein paar Angebote; etwa, dass sie den Stein wegschmeißen oder vergraben könne.

»Nein«, entgegnete sie da entschieden, »das Ding gehört irgendwie zu mir, und selbst wenn ich es wegwerfe, weiß ich ja, dass es trotzdem noch da ist.« Ich fand ihre Antwort sehr weise. Und sie war geradezu die Vorlage für eine logotherapeutische Übung, bei der das Leben mit einem Mosaik verglichen wird. Ich schlug Marie also vor, mit ihrem Stein ein »Lebensmosaik« zu gestalten.

Nun war ihre Intuition gefragt, denn sie sollte zunächst den richtigen Ort dafür finden. Wir gingen tief in den Wald hinein und fanden uns abseits der markierten Wege inmitten von Farnen, Besenginster und hohen Buchen wieder. Immer, wenn Marie etwas entdeckte, was ihre Aufmerksamkeit erregte, nahm sie es auf. An einer freien Stelle in der Nähe einer großen Birke spürte sie, dass dies der passende Platz für ihr Mosaik sei. Mit Kieseln, Tannenzapfen, Blättern und Efeu, die sie mit allem beschriftete, was trotz und gerade wegen der belastenden Erfahrungen ihr Leben lebenswert machte, entstand ihr unverwechselbares Mosaik. Und ihr »Brocken« nahm einen zentralen Platz in diesem einzigartigen Naturbild ein. Irgendwann stellte sie fest, dass noch viel Platz und viele Steinchen übrig waren. Sie verstand das als Zeichen für die zahlreichen Möglichkeiten, die sie ergreifen konnte, um ihr Leben zu gestalten.

Marie war sehr berührt von dieser Erkenntnis. Sie fand einen hellen, feinen Stein, der für sie ihr neues Selbstwertgefühl symbolisierte. Zukünftig wollte sie sich mehr als bisher darum kümmern und in diesem Bewusstsein ihre Lebenswanderung fortsetzen. Der Vergleich des menschlichen Lebens mit einem Mosaikbild war heilsam für sie. Marie erkannte dabei intuitiv, dass sie sogar mit vermeintlich dunklen Lebenssteinen ihr Bild des Lebens auf eine gute Weise gestalten kann. Es kam auf sie an, was sie daraus machen würde. Sie fühlte sich bestärkt und aufgerufen, die Verantwortung für ihr Leben zu übernehmen.

Manche Steine hat das Schicksal in unser Lebensmosaik hineingeworfen. Vieles entzieht sich unserem Zugriff. Andererseits fallen aber auch helle Steine ins Bild, jene segensreichen Ereignisse, die für einen guten Kontrast sorgen. Und dann gibt es auch viele »Leerstellen«, die offen dafür sind, gestaltet zu werden, die auf eine sinnvolle Füllung warten.

Anstatt gelähmt von den Erfahrungen in der Opferhaltung zu verharren, hat Marie es geschafft, den Blick auf ihren Freiraum zu lenken. Sie hat sich dadurch neuen Gestaltungsraum erarbeitet und so zurück ins Leben gefunden. Was hingegen passieren kann, wenn wir unseren inneren Quälgeistern Glauben schenken, zeigt folgende Weisheitsgeschichte.

Der Korb des alten Mannes

Das ist die Geschichte von einem alten Mann und einem kleinen Jungen. Der alte Mann hieß Sartebus und der Junge Kim. Kim war ein Waisenkind und lebte ganz für sich allein. Er zog von Dorf zu Dorf, auf der Suche nach Essen und einem Dach über dem Kopf. Doch es gab noch etwas, nach dem er suchte. Kim suchte nach einer Einsicht. »Warum«, fragte er sich, »sind wir ein Leben lang auf der Suche nach etwas, das wir nicht finden können? Machen wir es uns selbst schwer, oder soll es einfach so sein, dass wir uns so plagen?«

Auf seinem Weg traf er eines Tages einen alten Mann, der, so hoffte Kim, ihm vielleicht die eine Antwort geben konnte. Der alte Mann trug auf seinem Rücken einen großen, zugedeckten, geflochtenen Korb, der sehr schwer zu sein schien. Eines Tages machten sie Rast an einem Bach. Der alte Mann stellte erschöpft seinen Korb auf den Boden. Er schien so schwer zu sein, dass selbst ein viel jüngerer und stärkerer Mann ihn wahrscheinlich nicht sehr lange hätte tragen können.

»Weshalb ist denn dein Korb so schwer?«, fragte Kim Sartebus. »Ich würde ihn gerne für dich tragen.«

»Nein, den kannst du nicht für mich tragen«, antwortete der alte Mann. »Den muss ich ganz alleine tragen.«

Viele Tage und Wege gingen Kim und der alte Mann zusammen. Sosehr er sich auch bemühte, er konnte nicht herausfinden, was für ein schwerer Schatz sich wohl in dem Korb befand. Erst als Sartebus nicht mehr weitergehen konnte und sich ein letztes Mal zur Ruhe legte, erzählte er dem jungen Kim sein Geheimnis: »In diesem Korb«, sagte Sartebus, »sind all die Dinge, die ich von mir selbst glaubte und die nicht stimmten. Auf meinem Rücken habe ich die Last jedes Kieselsteines des Zweifels, jedes Sandkorns der Unsicherheit und jedes Mühlsteines des Irrweges getragen, die ich im Laufe meines Lebens gesammelt habe. Ohne sie hätte ich die Träume verwirklichen können, die ich mir so oft ausgemalt habe.«

Dr. Rolf Merkle[4]

Es lohnt sich also, sich immer wieder die Zeit zu nehmen, den eigenen Lebensrucksack aufzuräumen und zu schauen, was sich darin angesammelt hat – damit wir nicht Dinge durch die Gegend schleppen, die uns nicht mehr dienlich sind.

Folgende Fragen können Dir bei Deiner Bestandsaufnahme helfen:

- Was trägst Du in Deinem persönlichen Lebensrucksack?
- Was möchtest Du weiter mit Dir herumtragen?
- Und was möchtest Du loslassen? Was kann Dir beim Loslassen helfen?
- Gibt es unnötigen Ballast, den Du immer wieder selbst hineinlegst?
- Was steckt in Deinem Geheimfach?
- Was brauchst Du für Deine nächste Lebensetappe wirklich?

Am Ende dieses Kapitels lade ich Dich ein, die Übung, die Marie gemacht hat, selbst nachzuvollziehen. Sie hilft Dir, Deine Belastungen bewusst zu spüren. Am besten ist es, wenn Du während der Übung nicht allzu lange über das nachdenkst, was Dir einfällt. Das, was Dir als Erstes in den Sinn kommt, wird das sein, was jetzt für Dich dran ist.

Als meine Gastgeberin Anni mir während unserer gemeinsamen Bergwanderung vom frühen Tod ihrer Eltern und ihrer Rolle als Ersatzmutter für die wesentlich jüngeren Geschwister erzählte, fragte ich sie, wie sie mit all den Schwierigkeiten umgegangen sei. Sie antwortete mir mit einem (etwas abgewandelten) Zitat von Goethe: »Auch aus Steinen, die man uns in den Rucksack legt, kann man etwas Schönes bauen.« Da hatte sie wieder mal den Nagel auf den Kopf getroffen, die liebe Anni.

ÜBUNG: DEIN STEINBROCKEN

Packe einen Rucksack mit dem, was Du unterwegs zu brauchen meinst, und gehe raus in die Natur. Ein kleiner Block oder Dein Tagebuch und ein Stift sollten auch dabei sein. Atme tief die frische Luft ein und komm im Gehen ganz bei Dir an. Spüre das Gewicht auf Deinen Schultern und frage Dich: Welchen Ballast, welche Last habe ich im übertragenen Sinne im Gepäck? Suche Dir einen Gegenstand, der diese Last symbolisiert. Vertraue darauf, dass Du das für Dich Passende findest.
Wenn Du etwas gefunden hast, schau es Dir genau an. Wie fühlt sich der Gegenstand – vielleicht ein Stück Holz oder ein Stein – an? Was geht von ihm aus? Sofern der Gegenstand es zulässt, kannst Du alles Belastende mit einem Stift darauf notieren. Oder nimm Deinen Block oder Dein Tagebuch zur Hand. Spüre nach, wie die Frage lautet, die Dir Dein Leben stellt. Schreibe Dir dazu einige Gedanken auf und gehe dann weiter. Vielleicht findest Du erst nach ein paar weiteren Schritten eine Antwort auf diese Frage.
Frage Dich auch: Was möchtest Du mit Deiner Last machen? Möchtest Du sie loswerden oder – wie Marie – ein Naturbild damit gestalten? Schreibe Deine Gedanken auf und vervollständige Deine Aufzeichnungen gerne auch mit einem Foto.
Du kannst unterwegs auch Materialien sammeln und später zu Hause damit Dein Lebensmosaik gestalten.
Die Art und Weise, wie Du mit alldem umgehen möchtest, wird Dich finden. Sei gespannt.

Was gibt
Dir Halt?

Wer wachsen will, braucht Wurzeln

»Ich habe eine große Sehnsucht. So gerne möchte ich mich gut aufgehoben, geborgen und sicher fühlen. Schon so oft habe ich gehört, dass es wohl an meiner verkorksten Kindheit liegt, dass es mir nicht gelingt, so etwas wie Urvertrauen ins Leben zu haben.« Annika sitzt schluchzend vor mir, während sie mir beschreibt, wie es in ihr aussieht. Wir befinden uns unter einem alten Haselnussbaum. Welch ein passender Ort, den sich Annika intuitiv ausgewählt hat, denke ich und höre genau hin, als sie mich weiter an ihren bedrückenden Gefühlen teilhaben lässt: »Da ist nichts, was mir Halt gibt. Ich kann mir selbst keine Geborgenheit geben, fühle mich halt- und mutlos. Dabei habe ich schon so viel ausprobiert.«

Ich kenne diese eigenen Einreden von vielen meiner Mitwander*innen nur zu gut. Erkenntnisse, die sie über ihr Leben gewannen, stehen einer heilsamen Veränderung manchmal mächtig im Weg. Da sitzt eine junge Frau vor mir, die in der Vergangenheit versucht hat, ihre Sehnsucht nach Halt und Geborgenheit in Partnerschaften zu erfüllen, die allerdings häufig wechselten. Weil ihr keine Beziehung den erhofften Halt gegeben hatte, verfestigten sich bei ihr die Gedanken, ihre Kindheit sei der Grund dafür, dass sie sich heimatlos fühlt, und sie könne vermutlich nichts daran ändern.

Ich lenke Annikas Aufmerksamkeit auf die alte Hasel, die sie sich als Gesprächsort ausgesucht hat. Wir schauen uns den

Baum in aller Ruhe genau an, nehmen seine Größe, seinen Stamm, sein Blätterdach und seine Wurzeln wahr.

»Weißt du, dass die Hasel als der ›weise Baum‹ bezeichnet wird?«, sage ich. »Mit der Haselrute sucht man angeblich nach verborgenen Schätzen. Zudem ist der Haselnussbaum ein Symbol für Fruchtbarkeit, Frühling und Glück. Im Kern der Haselnuss ist alles Gute gespeichert. Auf den Kern kommt es an.« Annika beruhigt sich langsam und lächelt sogar ein wenig.

Hand aufs Herz: Wie oft suchen wir wie Annika nach irgendetwas im Außen, was uns Halt gibt, statt uns auf die Suche nach den in uns liegenden Schätzen zu machen?

Wenn wir bei uns selbst ankommen, uns unserer Stärken bewusst werden, finden wir Halt und Geborgenheit, werden vom Verhalten und vom Urteil anderer unabhängiger. Wir merken, dass wir unser Leben selbst gestalten, mit unseren Begabungen kraftvoll in die Welt wirken können. So ähnlich muss Henry David Thoreau, ein amerikanischer Schriftsteller und Philosoph, gedacht haben, als er schrieb: »Das, was vor uns liegt und was hinter uns liegt, ist nichts im Vergleich zu dem, was in uns liegt. Und wenn wir das, was in uns liegt, nach außen in die Welt tragen, geschehen Wunder.«

Natürlich ist es auch gut zu wissen, was uns im Außen Kraft gibt: Menschen, auf die ich mich zu 100 Prozent verlassen kann; Orte und Landschaften, die mir guttun; Filme und Bücher, die mich inspirieren; ein Hobby, das mich erfüllt. Doch mindestens genauso bedeutend ist es, die inneren Kraftspender zu kennen und sich in guten Zeiten mit ihnen vertraut zu machen.

Pflanzen erhalten ihre Kraft nicht zuletzt aus den Wurzeln. Sie zählen zu den Hauptorganen vieler Pflanzengruppen. Wurzeln sind äußerst komplex und bestehen aus vielen einzelnen

Schichten. Sie bilden starke Verzweigungen und Netzwerke aus. Wusstest Du, dass sich Wurzeln während ihres Wachstums immer zum Erdmittelpunkt ausrichten? Oberhalb der Erde wächst die Pflanze immer in die entgegengesetzte Richtung. Erst so kann sie ihre aufrechte Position einnehmen. Die Wurzeln stabilisieren die Pflanze und haben eine weitere wesentliche Aufgabe: Sie nehmen Flüssigkeit, Nähr- und Mineralstoffe aus dem Boden auf.

Die Versorgung mit Nährstoffen ist essenziell wichtig für das Wachstum. Doch offenbar »denken« die Pflanzen da nicht nur an sich selbst, sondern sorgen auch für ihre Nachbarn. Forschungen zufolge existiert im Wald ein unterirdisches, gut funktionierendes Netzwerk aus hauchdünnen Pilzfäden. Das gleicht einer intensiven Umarmung unter Tage. Wissenschaftler*innen prägten den Begriff des *Wood Wide Web*. Das Prinzip dahinter: Neben dem Austausch von Nährstoffen werden auch Informationen über diese Verbindungen unter der Erde vermittelt. Ist das nicht unglaublich? Chemische Botenstoffe übertragen Wissen von Baum zu Baum. Werden Pflanzen von Schädlingen angegriffen, sendet »das Opfer« Warnsignale durch die Pilzfäden an andere Pflanzen. Diese können sich auf den drohenden Angriff vorbereiten. Das gleiche Prinzip vermuten Forscher*innen bei Bäumen, wenn Insekten wie Borkenkäfer sie angreifen. Damit sich die Informationen schnell verbreiten, geben Bäume chemische Warnsignale über die Luft und das Pilzgeflecht an ihre Nachbarn weiter.

In diesen symbiotischen Zusammenhängen innerhalb des Waldes können wir wertvolle Einsichten über unser Leben erkennen. Alles ist verbunden, nährt einander und kommuniziert miteinander. Ganz im Sinne der jahrtausendealten Lebensgesetze.

Auch beim Menschen sorgen bildlich gesprochen die Wurzeln, die wir haben, für die Basis, für das Fundament, das uns

Halt gibt. Wurzeln unseres Lebens sind die guten Erfahrungen, die wir bereits als Kinder und Jugendliche gemacht haben. Positive Erlebnisse, die uns bestärken und zu einem gesunden Selbstvertrauen führen. Wurzeln sind auch die Werte, die wir von unseren Eltern, Verwandten und Freunden vermittelt bekommen. Werte, die uns durchs Leben tragen.

Spricht ein Mensch davon, entwurzelt zu sein, fühlt er sich heimatlos. Durch bestimmte Ereignisse hat er quasi den Boden unter den Füßen verloren und sucht nach Halt. Umgekehrt ist einer, der sich fest verwurzelt fühlt, jemand, der bei sich angekommen ist. Der mit beiden Beinen im Leben steht und daraus Kraft schöpft. Gute Wurzeln zu haben, gibt einem Menschen Stabilität, um wachsen und erblühen zu können. Mit guten Wurzeln ist man gerüstet für manchen Sturm des Lebens.

Wie können wir unsere Wurzeln stärken und festen Halt in unserem Leben finden?

Ein erster bedeutsamer Schritt ist es, sich dessen bewusst zu werden, was uns ausmacht. Dann nehme ich meine Bedürfnisse wahr, damit das wachsen kann, was in mir angelegt ist.

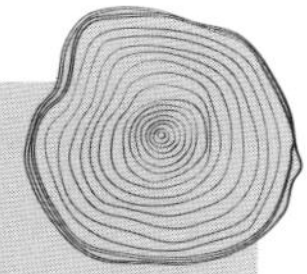

Übung: Wurzelkraft finden

Suche Dir einen Platz in der Natur, gerne in der Nähe eines Baumes, der Dich anspricht und der Dir ein Vorbild für eine gute Verwurzelung sein kann.

Beginne mit einer Atemübung. Lege dazu eine Hand auf Deine Nabelgegend. Atme tief. Beim Einatmen wölbt sich die Bauchdecke nach außen, beim Ausatmen geht sie nach innen. Atme so fünfmal in Deinem Rhythmus. Lenke nun Deine Aufmerksamkeit auf Deine Füße und stelle Dir vor, dass von dort aus kleine Wurzeln in die Erde wachsen. Dass Du angebunden bist an diese stabilisierende Erd- und Wurzelenergie. Verteile dieses Gefühl mit Deinem Atem in Deinem gesamten Körper.

In diesem fest verwurzelten Zustand öffnet sich der Raum Deines intuitiven Wissens. Frage Dich:

- Was sind Deine Wurzeln, die Dich nähren und Dir Kraft geben?
- Was ist Dir wichtig?
- Was ist Deine Basis, die Dich durchs Leben trägt?
- Was hält Dich in Balance?

Schreibe alles, was Dir in den Sinn kommt, in Deinem Notizbuch auf.

Carina, eine aufgeweckte und wissbegierige Frau, wandte sich an mich, weil sie seit einiger Zeit in unterschiedlichsten Situationen schon bei der kleinsten Aufregung völlig aus der Fassung geriet. Sie nahm sich ansonsten eher als wenig emotional wahr. Deshalb überraschte es sie immer wieder, dass sie zu solchen Gefühlsausbrüchen fähig war. Sie wollte der Sache auf den Grund gehen, denn die emotionalen Reaktionen belasteten auch zunehmend die Beziehung zu ihrem Lebensgefährten.

Ich entschied mich, mit ihr einen Weg zu gehen, der über einen Damm zum teilweise bewachsenen Ufer des Rheins führt. Dieser Weg bietet sich immer dann an, wenn die Mitwander*innen Klarheit suchen und im sprichwörtlichen Sinne eine Veränderung »in Fluss« bringen wollen. Carina und ich begannen unsere Wanderung an einer Aussichtsstelle auf dem Rheindamm mit einer ruhigen Naturmeditation. Die weiten Rheinwiesen lagen vor uns und in der Ferne graste eine Schafherde. Wir gingen entlang des Damms und stiegen dann zum Fluss hinab, bis wir den Uferweg erreicht hatten.

Am Beginn unserer gemeinsamen Wegstrecke gab Carina mir einen kleinen Einblick in ihr Leben. Nach ihrem Jurastudium hat sie sich schnell eine gute Stellung im Amtsgericht erarbeitet. Sie konzentrierte sich stark auf ihre berufliche Laufbahn. In ihrer Freizeit lebte sie die Kreativität aus, die in ihrem beruflichen Alltag keinen Platz fand, und setzte ihre fantasiereichen Ideen in ihrer Wohnung und

ihrem kleinen Garten um. In dieser Zeit lebte sie alleine. Der Wunsch nach einer Partnerschaft war zwar da, aber es sollte acht Jahre Singledasein brauchen, bis sie ihren heutigen Lebensgefährten kennenlernte. Schnell stellten sie fest, dass sie die gleichen Vorstellungen von Beziehung hatten, und teilten sich eine Wohnung. Sie investierte viel in diese Beziehung, denn es bedeutete ihr nach der langen Zeit des Alleinseins viel, einen Lebenspartner an ihrer Seite zu haben.

Im letzten Jahr war es immer häufiger zu impulsiven Streitgesprächen wegen vermeintlicher Kleinigkeiten gekommen, die inzwischen ein Ausmaß angenommen hatten, dass ihre Beziehung gefährdet war. Carina erzählte mir, dass sie nach solchen Situationen völlig aus dem Gleichgewicht geriet.

Ich stellte ihr während unserer Wanderung zwei Fragen: »Was ist dir in deinem Leben wirklich wichtig? Und was brauchst du, um in Balance zu bleiben?« Nachdem sie einige Zeit über die Fragen nachgedacht hatte, verlangsamte sie ihre Schritte deutlich und blieb schließlich stehen. Sie blickte auf den Rhein, der mit deutlicher Strömung an uns vorbeifloss. Es war mäßiger Schiffsverkehr und wir konnten die kleinen, gleichförmigen Wellen, die durch die Schiffe erzeugt wurden, hören und sehen.

An dieser Stelle bat ich sie, intuitiv einige Steine zu suchen, als Symbole für die Werte, die ihr wichtig sind und die ihr gerade durch den Kopf gingen. »Vielleicht lässt sich daraus ja etwas bauen, das in Balance bleibt«, ermunterte ich sie. Carina sammelte eine Weile und baute dann ein Steinmännchen.

Steinmännchen sind eine archaische Form des Wegzeichens, die bis heute weltweit errichtet werden. Die Markierung soll insbesondere in unwegsamem und unübersichtlichem Gelände die Orientierung erleichtern. Und offensichtlich tragen sie auch zur Orientierung bei der Klärung von Lebensthemen bei. Carina schrieb auf die Steine die Tätigkeiten, die ihr wichtig waren: Sport treiben, in einer Beziehung leben, gute Arbeit leisten. Diese drei Steine konnte sie ohne Weiteres stapeln. Sie blieben in Balance. Dann fand sie einen weiteren Stein und beschriftete auch diesen. Er stand für ihre Vorliebe für kreatives Tun. Doch es gelang ihr nicht, diesen Stein auf die anderen zu setzen. Es wackelte einfach zu stark und der Stein kippte schnell herunter.

Seit sie mit ihrem Freund zusammengezogen war, hatte Carina ihre eigenen Bedürfnisse zurückgestellt. Es blieb einfach keine Zeit dafür. Was am Anfang wie eine schöne Symbiose gewirkt hatte, war inzwischen dafür verantwortlich, dass sie mehr und mehr ihr Eigenleben vermisste. Nun stand sie vor ihrem Steinmännchen, das sinnbildlich verdeutlichte, dass es schnell kippte, wenn sie versuchte, alles zusammen zu leben.

Carina spürte innerlich, wie sehr sie es brauchte, ihre kreativen Ideen auszuleben und umzusetzen. Deshalb sortierte sie nach einer Zeit des Betrachtens ihr Steinmännchen kurzerhand um. Der Kreativitätsstein kam ganz nach unten – als Fundament allen anderen Tuns. Und dieses Fundament trug alles, alles kam in Balance. Ein gutes Bild, das Carina klarmachte, dass sie mit ihrem Lebensgefährten dringend über ihre Bedürfnisse sprechen und etwas verändern musste. Dass sie Zeit brauchte, um ihre Kreativität auszuleben, um so ein inneres Gleichgewicht zu finden und emotionale Ausbrüche zu vermeiden.

Wie ein Baum in den Himmel streben

Bäume haben seit jeher eine besondere Bedeutung für uns Menschen. Sie versorgen uns mit Sauerstoff und gewähren uns Schatten, wenn es uns zu heiß ist. Wir spüren so etwas wie eine Beziehung zu den grünen Freunden. Und es ist verblüffend, wie häufig wir Redewendungen oder Wortschöpfungen benutzen, in denen es um Bäume geht. Wir wollen fest verwurzelt sein, um über uns hinauswachsen zu können. Die Bezeichnung »ein Mann wie ein Baum« ruft in uns Vorstellungen von Größe und Kraft hervor. Man spricht vom Stammbaum der Familie und beschäftigt sich damit mit der familiären Herkunft.

Kein Baum gleicht dem anderen, jeder besitzt eine natürliche, oft würdevolle Schönheit. Die Wurzeln graben sich tief in den Boden und bieten die Basis für das Sichtbare, Stamm und Krone. Bäume leben von Licht, Luft und Wasser. Sie haben ihren eigenen, immer wiederkehrenden Rhythmus, passen sich jahreszeitlich an die Gegebenheiten an, trotzen Wind und Wetter. Im Herbst werfen sie die Blätter ab, sammeln im Winter Kraft, erfinden sich im Frühling neu und stehen im Sommer in voller Pracht. Sie wachsen mit der Zeit, werden im Alter knorrig, bleiben dabei aber oft majestätisch schön.

Auch in der Bibel werden Bäume an vielen Stellen erwähnt. Da ist vom Baum der Erkenntnis die Rede, von den Zedern des Libanon und von Feigenbäumen. Im Buch Jeremia heißt es: »Gesegnet ist der Mann, der sich auf den HERRN verlässt und dessen Zuversicht der HERR ist. Der ist wie ein Baum, am Wasser gepflanzt, der seine Wurzeln zum Bach hin streckt. Denn obgleich die Hitze kommt, fürchtet er sich doch nicht, sondern seine Blätter bleiben grün; und er sorgt sich nicht, wenn ein dürres Jahr kommt, sondern bringt ohne Aufhören Früchte.« (Jer 17, 7–8)[5]

In fast allen Kulturen und Religionen ist der Baum, der Erde und Himmel miteinander verbindet, ein beliebtes Symbol. Bäume zeigen das Wachsen genauso wie die Vergänglichkeit, die Auferstehung, den Tod und die Hoffnung. Alte Bäume stehen in der Mythologie oftmals für Weisheit.

In der Logotherapie wird der Mensch gerne mit einem Bild beschrieben: Der Mensch verfügt über Wurzeln auf der Erde und ist aufgerufen, auch seine Himmelswurzeln zu erkennen. Die Erdenwurzeln repräsentieren alles Körperliche bis hin zu den hochkomplexen Vorgängen des Nervensystems, welches das leiblich-seelische Wechselgeschehen steuert. Die Himmelswurzeln dagegen verweisen auf die geistige Freiheit des Menschen. Diese ermöglichen, uns mit körperlichen und seelischen Herausforderungen auseinanderzusetzen. Die Himmelswurzeln werden oft als der in uns wohnende heile Kern bezeichnet. Ein Kern, der bleibt.

Während wir das Alter von Menschen in der Regel ungefähr schätzen können, ist das bei Bäumen nicht ganz so leicht. Weil sie je nach Art unterschiedlich schnell wachsen, ist die Größe kein Hinweis auf ihr Alter. Sie bekommen auch keine Falten wie wir. Aufschluss geben die sogenannten Jahresringe. Diese lassen sich jedoch erst zählen, wenn der Baum gefällt wurde und ein Querschnitt des Stammes sichtbar wird.

Aus den Jahresringen lässt sich viel herauslesen. An der Breite lässt sich erkennen, ob es ein gutes Jahr für den Baum war oder eines, das ihn mit extremen Witterungsbedingungen herausgefordert hat. Interessant ist, dass sich der eigentliche Jahresring in den Ruhezeiten der Natur ausbildet. Und da gibt es doch auch wieder eine Ähnlichkeit mit uns Menschen. Wir wachsen innerlich oft genau in den Phasen, in denen äußerlich sichtbar kaum etwas geschieht.

Ich lebe mein Leben in wachsenden Ringen

Ich lebe mein Leben in wachsenden Ringen,
die sich über die Dinge ziehn.
Ich werde den letzten vielleicht nicht vollbringen,
aber versuchen will ich ihn.

Ich kreise um Gott, um den uralten Turm,
und ich kreise jahrtausendelang;
und ich weiß noch nicht: bin ich ein Falke, ein Sturm
oder ein großer Gesang.

Rainer Maria Rilke

ÜBUNG: WIE EIN BAUM

Diese Übung überträgt alles das, was einen Baum ausmacht, auf Dein Leben. Wenn Du sie im Kontakt mit einem nahe stehenden Baum ausführst, der Dir besonders gefällt, hat sie eine intensive Kraft und kann Dir wertvolle Erkenntnisse geben.
Komme ganz an dem Ort an, den Du gewählt hast. Nimm den Baum in seiner Größe genau wahr. Berühre seinen Stamm, seine sichtbaren Wurzelansätze und die Äste, die Du erreichen kannst. Erspüre sein Wurzelwerk und schau in das Blätterwerk.
Dann widme Dich den folgenden Überlegungen: Dieses Lebewesen bildet tiefe *Wurzeln.* Sie versorgen den gesamten Baum mit Nahrung. Und sie geben ihm Halt und Standfestigkeit.
Was gibt Dir in Deinem Leben Sicherheit und Kraft? Was versorgt Dich und wie kannst Du gut für Dich selbst sorgen?
Der Stamm wird mit den Jahren immer größer und breiter. Was soll in Dir wachsen? Wo kannst Du über Dich hinauswachsen?

Die *Rinde* dient als Schutzschicht und ist bei jedem Baum individuell in Form, Dicke und Beschaffenheit. Wie ist es bei Dir? Wo hast Du Dir mit der Zeit eine »dicke« Haut zugelegt, um nicht so verletzlich zu sein? Wovor möchtest Du Dich schützen? Und wovon möchtest Du Dich abgrenzen?

An den Stamm schließt sich die *Baumkrone* an. Sie besteht aus einem Geflecht von kleinen und großen Ästen und ist geschmückt mit einem vielfältigen Blätterwerk. Die Baumkrone kann Symbol sein für alles, was wir bis jetzt gelernt und erreicht haben. Wie wir uns entwickelt haben. Freud und Leid ... Und auch für das, wonach wir uns ausstrecken.

Die *Frucht,* die ein Obstbaum hervorbringt, kann uns daran erinnern, dass auch unser Leben Früchte tragen kann. Frage Dich: Welche tragenden »Äste« gibt es in meinem Leben? An welchen Stellen und wohin möchte ich noch wachsen? Was soll durch mich in die Welt kommen? Wem möchte ich mit besonderer Aufmerksamkeit begegnen?

Bewerte Deine Gedanken nicht. Schreibe sie auf, lass alles in Dir Wurzeln schlagen. Und dann schau, was daraus wächst.

Halt im Glauben

Immer dann, wenn Menschen sich der eigenen Spiritualität bewusst werden und sich dafür öffnen, entsteht ein tiefes Glücks- und Geborgenheitsgefühl. Oft sind es Notsituationen, bei denen das Göttliche – egal wie Du es nennen magst – wieder eine Chance hat, zu uns durchzudringen. Das habe ich in meiner existenziellen Krise so erlebt. Obwohl ich mich vom Glauben entfernt hatte, kam er mit aller Macht zurück in mein Leben. Als eine starke Wurzel, die tief in meinen Wesenskern eingepflanzt ist.

Aber auch ohne Not suchen Menschen immer wieder nach dem, was wirklich trägt. Offenbar wohnt in uns eine Sehnsucht danach, getragen und gehalten zu sein. Und die Suche nach innerem Halt ist immer auch eine Frage nach Gott – manchmal ohne dass wir uns dessen bewusst sind.

Dies ist meine Erfahrung und entspricht auch der These des unbewussten Gottes, wie sie die Logotherapie vertritt. Damit ist gemeint, dass Menschen sich häufig des Göttlichen und ihrer Beziehung zu ihm nicht bewusst sind. Dass sie dies verdrängen und nicht mehr wahrnehmen. Viktor Frankl berichtet von Patienten, die sich ausdrücklich als atheistisch oder nicht religiös bezeichneten, bei denen er viele Anzeichen unbewusster Religiosität entdeckte. Dass der Mensch in seiner Tiefe religiös ist. Uwe Böschemeyer, der die Logotherapie mit seiner Wertimaginativen Arbeit bereichert hat, bestätigt dies in seinem Buch *Gottesleuchten*[6]. Er begleitet Menschen mit Wertimaginationen. Auf diesen bewussten Wanderungen ins Unbewusste zeigen sich immer wieder Bilder, die die Klient*innen selbst als eindeutig spirituell empfinden.

Es sind häufig fast geheimnisvoll anmutende Erfahrungen, die ein Mensch macht, wenn er sich nach innen wendet und das Äußere für diesen Moment draußen lässt. Geheimnisvoll oder auch mystisch. Der Ursprung des Wortes Mystik geht auf das altgriechische Wort *mystikós* zurück. Es heißt sowohl »geheimnisvoll« als auch »in Gott aufgehend«. Eine weitere Ableitung findet man im Wort *myein,* was so viel bedeutet wie »Mund und Augen schließen«.

Nach innen schauen

Es gibt viele unterschiedliche Meditationsformen verschiedenster Ursprünge. Meist geht es dabei um die Haltung des Ausschauhaltens und Annehmens dessen, was ist. Gedanken wahrzunehmen und vorüberziehen zu lassen. Indem die Aufmerksamkeit auf den eigenen Atem, ein Wort oder ein Bild gelenkt wird, bestärken wir Achtsamkeit und Konzentrationsfähigkeit.

Eine der bekanntesten Formen ist die achtsamkeitsbasierte Meditation, die durch Professor Jon Kabat-Zinn Ende der 1970er-Jahre entwickelt wurde. Der Mindfulness-Based Stress Reduction (MBSR) werden viele positive Effekte zugeschrieben. Sei es Stressreduktion, Gesundheitsförderung, Steigerung des Glücksempfindens und mehr Gelassenheit und Kreativität.

Der Wunsch, durch die Meditation Gott nah zu sein, kann eine Rolle spielen, steht dabei aber nicht im Vordergrund.

Anders ist es bei Meditationsformen, die die Begegnung und den Dialog mit Gott zum Ziel haben. Der Mystiker Augustinus spricht dabei von der Suche nach dem innersten Innern. Wir nehmen uns Zeit und treten ein in einen Raum, der für uns bereitet ist. Wir halten uns hin und erwarten, was kommen mag. Wir öffnen uns, um mit den inneren Armen zu empfangen und den inneren Ohren zu hören.

In der Bibel gibt es viele Geschichten über das Meditieren. Im Lukasevangelium heißt es etwa über Jesus: »Doch er zog sich an einen einsamen Ort zurück, um zu beten.« (Lk 5, 16)[7] Viele Gottesbegegnungen, die in der Bibel beschrieben werden, finden in der Natur statt. In der Wüste, am See, auf Bergen und in den Elementen wie Feuer und Wasser. Offenbar steht die Natur als Gottes Schöpfung in direkter Verbindung mit uns. Auch wir sind Natur, auch wir sind Schöpfung.

Wenn die Wurzeln tief sind, braucht man den Wind nicht zu fürchten.

Chinesische Weisheit

ÜBUNG: DAS AUSATMEN GOTTES IST UNSER EINATMEN

Ignatius von Loyola, der Gründer des Jesuitenordens, entwickelte zwischen 1522 und 1524 verschiedene geistliche Übungen. Die folgende Achtsamkeitsübung lässt sich im Stehen durchführen, aber auch während Du langsam gehst. Entscheide, was für Dich am besten passt.

Suche Dir einen guten Stand oder einen angenehmen, langsamen, meditativen Gehrhythmus. Spüre nun Deinem natürlichen Atem nach. Mache Dir bewusst, dass es ohne Unterlass und ohne Dein Zutun in Dir atmet.
Vertiefe Dich in den Gedanken: Das Ausatmen Gottes ist unser Einatmen.
Unseren Atem als Gottes Hauch zu verstehen, kann ein Gebet ohne Worte sein.

Wenn Du magst, kannst Du Dein Ein- und Ausatmen mit einer Bewegung der Hände und Arme verbinden. Das geht so: Beim Einatmen hältst Du Deine Hände wie zwei Schalen nebeneinander in Brusthöhe. Während des Einatmens führst Du die Hände vor Deinem Körper bis über Deinen Kopf. Dort drehst Du die Handflächen nach unten und führst Deine Hände beim Ausatmen wieder hinunter. Finde Deinen eigenen Rhythmus und öffne Dich für die Natur und für Gott.
Während Du Deinen Atem spürst, bist Du eingeladen, Dich bewusst in die Gegenwart Gottes zu stellen.

Kraftorte

Die Landschaft meiner niederrheinischen Heimat ist überwiegend flach. Scherzhaft sagt man, es ist der Landstrich, in dem man freitags schon sieht, wer sonntags zu Besuch kommt. In der Nähe meines Elternhauses jedoch gibt es eine Erhebung – ich wage es zwar kaum, sie Berg zu nennen, aber sie heißt tatsächlich so: Oermter Berg. Er entstand am Ende der Saale-Eiszeit vor etwa 150 000 Jahren. Das aufgeschichtete Geröll, welches die Gletscher, von Skandinavien kommend, vor sich her- und mitschoben, blieb nach deren Abtauen in Form einer Endmoräne zurück. Der Oermter Berg ist für den Niederrhein beachtliche 68 Meter hoch.

Am höchsten Punkt befindet sich eine kleine, weiße Kapelle. Sie wird von Schwestern der Schönstattbewegung gepflegt, die neben der Kapelle wohnen. Nicht mehr als sechs Bänke hat dieses Kleinod mitten in der Natur. Immer ist der kleine Altar mit frischen Blumen und Gestecken geschmückt. Mehrere kleine Kerzen brennen und heißen die Besucher*innen willkommen.

Von diesem Ort geht eine ganz besonders wunderbare Atmosphäre aus. In kaum einer anderen Kapelle spüre ich beim Eintreten Gottes Gegenwart so deutlich wie hier. Oft bin ich ganz alleine dort und höre durch das geöffnete Fenster die großen Bäume rauschen, die in der Nähe stehen. Dieses besondere Gemisch aus heiliger Stille in der Natur gepaart mit Kerzen- und Blumenduft hat sich tief in mein Bewusstsein eingegraben. Selbst in der Erinnerung erzeugt es in mir ein Gefühl von Sicherheit und Geborgenheit. Die Kapelle ist für mich zu einem Kraftort geworden, auch wenn ich sie zuweilen »nur« gedanklich besuche.

Viele Menschen, die ich begleiten durfte und die einmal einen solchen Kraftort gefunden haben, suchen ihn in ihren Gedanken auch im Alltag immer wieder auf. Denn allein die Imagination löst die mit dem Ort verknüpften Erfahrungen und Emotionen aus. Sie hilft, sich zu entspannen und Stress zu reduzieren. Auch für Menschen, die nicht so einfach raus in die Natur können, weil sie krank oder tatsächlich unabkömmlich sind, sind solche Naturimaginationen ein Segen. Denn das gedankliche Gehen zu einem Kraftort ermöglicht kleine Fluchten – hin zu einem Ort, an dem man wieder Kraft tanken und seine Akkus aufladen kann.

Auf diese inneren Bilder können wir – anders als bei Träumen – Einfluss nehmen. Wir können sie in unserer Erinnerung aufleben lassen und dann weitergestalten. Als einen Raum der Möglichkeiten, an dem wir aus dem Vollen schöpfen können. Dort haben selbst mächtige Gefühle wie Angst oder Panik keinen Zutritt. Das ist kein Hokuspokus. Zahlreiche Studien belegen, dass eine Umgebung oder ein Ort Einfluss auf uns und unsere Gefühle haben – und zwar unabhängig davon, ob erlebt oder imaginiert. Und Naturimaginationen haben eine ähnlich heilsame Wirkung, wie sie sich entfaltet, wenn wir tatsächlich draußen unterwegs sind.

ÜBUNG: DEIN KRAFTORT

Du bist eingeladen, Dir Deinen Kraftort in der Natur zu suchen.

Lass Dich von Deiner Intuition leiten, schau, wohin sie Dich führt. Schicke Deine Gedanken für eine Weile in die Hängematte und achte auf Dein Bauchgefühl.

Wenn Du einen Ort gefunden hast, der Dich anzieht, nimm ihn genau wahr: Was siehst Du? Welche Farben und Formen sind vorherrschend? Was hörst Du? Aus welchen Richtungen kommen die Geräusche? Was riechst Du?

Lass Dir viel Zeit. Und fühle Dich ganz intensiv in die aufkommenden Empfindungen ein. Sie sind später die Verbindung, um diesen besonderen Ort für Dich wieder gedanklich zugänglich zu machen.

Vielleicht machst Du auch ein Foto und hängst es an einem zentralen Ort in Deiner Wohnung auf.

Wenn Du das Bild später betrachtest, wird eine neurophysiologische Kettenreaktion ausgelöst. Du bist in Gedanken direkt wieder an Deinem Kraftort. Ein wunderbares, positives Lebensgefühl!

Mit Humor ›geht‹ alles besser

Ein weiteres wirksames Mittel, das uns Halt geben und unsere seelische Widerstandskraft stärken kann, ist der Humor. »Es gibt kaum etwas, das dem Menschen so sehr und in einem solchen Ausmaß ermöglicht, Distanz zu gewinnen, wie der Humor«, sagt Viktor Frankl.[8] Er war meines Wissens auch einer der Ersten, die den Humor in der Therapie einsetzten. Seine Patient*innen ermutigte er, ihre Angst zu ironisieren. Damit gelang es ihnen, ihr menschliches Potenzial zur Bewältigung ihrer Angst einzusetzen und sich von Schwierigkeiten und Missgeschicken zu distanzieren.

Viktor Frankl war selbst ein humorvoller Mensch, der leidenschaftlich gern Witze erzählte und vorzüglich über sich selbst lachen konnte. Er betonte stets, wie wichtig der Humor als präventive Kraft für seine Ehe und sein Leben sei.

Der Duden definiert den Humor als eine Lebenseinstellung der heiteren Gelassenheit auch in schwierigen Situationen und als Fähigkeit, über bestimmte Dinge zu lachen.

Kinder machen es uns vor. Sie sind von Natur aus spielerisch, spaßig und spontan. Durch Humor werden wertvolle Ressourcen wie Spontaneität und Kreativität aktiviert. Nicht allzu vernünftig zu sein, lässt Ideen und Einfälle sprudeln, die vielleicht auf den ersten Blick absurd erscheinen. Durch kreatives Denken lassen sich Probleme leichter lösen und Belastungssituationen besser bewältigen.

In der Resilienzforschung gilt der Humor als die Fähigkeit, die eigene Perspektive zu wechseln und eine wohltuende Distanzierung zu Problemen und Widersprüchen zu finden. Das geht nicht immer, aber oft ist es nur eine Frage der Entscheidung. Wer kennt es nicht, dass eine Situation sich blitzschnell entschärft und wir aus Selbstvorwürfen aussteigen können, wenn wir uns durchringen, über uns zu lachen. Humor beginnt so oft dort, wo der Spaß aufhört.

Bei meiner Arbeit tut eine Portion Humor auf beiden Seiten – bei meinen Mitwander*innen und auch bei mir – immer gut. Denn es läuft auch bei gemeinsamen Wanderungen nicht immer so, wie wir uns es vorstellen.

Einmal war ich mit Harald unterwegs. Er ist leitender Sachbearbeiter in einem mittelständischen Unternehmen. Seine Arbeit in der Reklamationsabteilung verrichtet er gewissenhaft, aber sie erfüllt ihn nicht. In die leitende Funktion war er hineingerutscht, doch stand ihm sein Misstrauen gegenüber Menschen im Weg. Am Telefon empfand ich ihn, als wir das erste Mal miteinander sprachen, als sehr zurückhaltend. Seine Frau hatte ihn überredet, mit mir Kontakt aufzunehmen. In jedem seiner knappen Sätze schwang Skepsis mit und die Frage, warum er sich auf meine Begleitung einlassen sollte. Er sagte: »Eigentlich weiß ich gar nicht, was ich von einem Gespräch mit Ihnen erwarten soll.«

Wenn man sich auf neuem Terrain bewegt, braucht es größtmögliche Information. Deshalb schilderte ich Harald unbeeindruckt von seiner spürbaren Abwehr, wie ich arbeite, und sagte ihm, dass er sich nach einem ersten Treffen immer noch entscheiden kann, ob es etwas für ihn sei.

Zwei Wochen später trafen wir uns. Vor mir stand nicht, wie ich es erwartet hatte, ein verschüchterter, mürrischer Mensch, sondern ein groß gewachsener, gut aussehender Mann von fast zwei Metern. Doch eine ungeheure Last schien auf ihm zu liegen. Sein Gesicht war bei der Begrüßung völlig regungslos. Ich begrüßte ihn mit einem strahlenden Lächeln und nach einer kleinen Einführung gingen wir los.

Es brauchte einige Zeit, um einen gemeinsamen Rhythmus zu finden. Harald machte im Vergleich zu mir riesige Schritte. Oft entspricht der Gehrhythmus der Geschwindigkeit, mit der wir auch im Leben unterwegs sind. Neben der Anatomie und Kraft spielt dabei die Gewohnheit, die persönliche Ge(h)schwindigkeit eine Rolle. Wie wir miteinander gehen, zeigt gerade zu Beginn deutlich, ob wir uns aufeinander einlassen. Ob wir bereit sind, Kompromisse bei der Ganggeschwindigkeit und Schrittweite zu machen, und so einen gemeinsamen Nenner finden. Der gemeinsam gefundene Gehrhythmus ist immer wieder aufs Neue das erste Ja, das ich von meinen Mitwander*innen für die gemeinsame Wanderung bekomme.

Bei Harald dauerte es etwas, bis dieses *Ja* gefunden war. Aber dann lenkten das Laufen und der abwechslungsreiche Weg seine Aufmerksamkeit auf die Bewegung. Und siehe da, dieser etwas knorrig anmutende Mann redete mit einem Mal von all den Themen, die er im Gepäck hatte und die er unter professioneller Begleitung anschauen wollte. Er berichtete vom Scheitern, von dem Gefühl, gegenüber manchen Entwicklungen in seinem Leben ohnmächtig zu sein und nichts tun zu können.

Da war die Rede von der Mutter, die immer schon seine Schwester bevorzugte. Auch von schwierigen Schulzeiten, von Mobbing und schlechtem Umfeld berichtete er. Von der Pleite seines ersten Arbeitgebers und von labiler Gesundheit. Von Freunden, die ihn enttäuscht hatten, und von Frauen, die es nicht ernst mit ihm gemeint hatten. Er sei ein Spielball des Schicksals und das ziehe sich als roter Faden durch sein Leben.

Schweigend setzten wir unseren Weg fort. Weder er noch ich hatten während des Gespräches bemerkt, dass sich der Himmel verdunkelt hatte. Mit einem Mal kam Wind auf und es ergoss sich – obwohl es nicht gemeldet war – ein heftiger Regenschauer über uns. Durchnässt retteten wir uns unter einen kleinen

Unterstand am Waldrand und warteten ab. Mit einem Mal begann Harald zu lachen, erst leise und dann immer herzhafter. Ich schaute ihn an und sah plötzlich in zwei blitzende, lustige Augen, die ich davor nicht im Geringsten vermutet hätte. Dann sagte er: »Sehen Sie, Frau Willems, das zieht sich durch mein Leben – ich fühl mich wie ein begossener Pudel.« Triefend nass hatte er seinen Humor wiederentdeckt. Dieser half ihm, sich von den Ereignissen zu distanzieren und anders als bisher dazu Stellung zu nehmen. Das war der Anfang der eindrucksvollen persönlichen Veränderung von Harald. Viele gemeinsame Wanderungen später schenkte er mir bei unserem Abschlussgespräch einen kleinen Regenschirm mit den Worten: »Sie haben mir geholfen, dass ich im Regen auch tanzen kann.«

Wann ruhst Du?

Ich leiste, also bin ich?

Welche Gedanken verbindest Du mit Nichtstun? Was geschieht in Dir, wenn Du einen Tag die Hängematte oder das Sofa nicht verlässt? Empfindest Du reine Freude oder mischt sich auch Dein schlechtes Gewissen ein? Ist es für Dich okay, wenn Du Dir Auszeiten gönnst, oder fühlst Du Dich schlecht dabei? Findest Du es vielleicht sogar egoistisch, Dir Auszeiten zu gönnen?

Gestresst und gefragt zu sein, bringt in unserer Gesellschaft Anerkennung. Sich als Mutter oder Vater aufopfernd für die Kinder einzusetzen, ebenfalls. Schon in Kindertagen lernten wir, ob in der Schule oder beim Sport, dass unsere Leistung belohnt wird. Wir fühlten uns geliebt. Das bestärkte uns in unserem Selbstwertgefühl. Tief haben sich diese Erfahrungen in unser Gehirn eingegraben und sie beeinflussen unser Leben bis heute.

»Faul« hingegen wird oft als Schimpfwort verwendet. Wikipedia beschreibt Faulheit gar als »Mangel an erwartbarer Aktivität«. Dem Faulpelz fehlt es an Motivation, Anstrengung und Disziplin. Kein Wunder also, dass wir uns mit Bequemlichkeit und Untätigkeit schwertun.

Doch wie wichtig Pausen sind, erleben wir nicht zuletzt beim Wandern. Sie sind die Voraussetzung, dass wir unversehrt unser Ziel erreichen, denn sie helfen uns, die nächste Etappe konzentriert zu meistern, und verringern so das Risiko von Stürzen.

Ich plädiere deshalb auch im Leben entschieden für gepflegtes Faulsein. Für Müßiggang, der, richtig verstanden, zur Quelle unserer Erholung wird. Und zwar nicht erst dann, wenn unsere körperlichen und seelischen Akkus blinken, weil sie fast leer sind, sondern regelmäßig und ausgiebig.

Viele Jahre glaubte auch ich, dass ich erst dann das Recht hätte, mich auszuruhen, wenn die Arbeit getan ist. Das Ergebnis: Das Ausruhen kam stets zu kurz. Denn in einem Alltag mit Beruf, Familie, Haus und Hund gibt es immer etwas zu erledigen. Der Aufgabenstrom reißt nicht ab und den Zustand, dass alles getan ist, kenne ich seit Jahren nicht.

Doch ich habe gelernt, mir im größten Chaos in aller Ruhe einen Tee aufzubrühen, meine Lieblingspraline genussvoll auszupacken und für eine halbe Stunde nicht ansprechbar zu sein. Den Augenblick trotz all der E-Mails, Terminanfragen, der Wäsche, des Staubes und der anderen auf mich wartenden Aufgaben für mich zu nutzen und mich auszuruhen. Der Weg dahin war nicht einfach! Doch was ich dafür brauchte, war nur eines: meine eigene Erlaubnis!

Ruhe finden

Das Wasser des Eibsees, an dem ich stehe, schimmert kristallen grün und ist so klar und ruhig, dass sich das Zugspitzmassiv darin spiegeln kann. Wenn ich einen Stein ins Wasser werfe, kräuselt sich dessen Oberfläche und die Wellen breiten sich kreisförmig aus. Und wenn alles wieder zur Ruhe gekommen ist, sehe ich mich selbst im Spiegel. Ein gutes Bild für das Leben. Erst wenn wir zur Ruhe kommen, die Wogen sich glätten, können wir uns selbst erkennen.

Ruhe stellt sich nicht auf Knopfdruck ein. Es braucht gewisse Voraussetzungen, damit wir »einen Gang runterschalten« können. Diese zu schaffen, liegt in unserer Verantwortung.

Es gibt viele Ansatzpunkte, mit deren Hilfe wir ohne großen Aufwand mehr Ruhe in unseren Alltag einladen können:

- Plane feste Ruhezeiten ein. Vereinbare jede Woche oder am besten sogar jeden Tag einen Termin mit Dir selbst und trage ihn in Deinen Kalender ein. Diese Verbindlichkeit schafft den notwendigen Freiraum, um tatsächlich Ruheinseln in Dein Leben zu integrieren.
- Achte auf Deinen Körper. Welche körperlichen Signale zeigen Dir, dass es Zeit ist, Dich auszuruhen? Ist es der Nacken, der sich verspannt? Die Augen, die zu tränen beginnen, oder eine allgemeine Erschöpfung?
- Finde ein Ritual, das Deine Ruhezeit einläutet. Je nachdem, wo Du Deine Pause verbringst, kannst Du dafür die Übergangsrituale aus dem ersten Kapitel nutzen (z. B. das Schwellenritual). Oder Du suchst Dir einen Handschmeichler aus der Natur (z. B. einen glatten Stein oder im Herbst eine Kastanie), den Du zu Beginn Deiner Ruhezeit sanft durch Deine Hände gleiten lässt. Bist Du zu Hause oder in geschlossenen Räumen, können eine Tasse Tee, eine Kerze, die Du anzündest, oder Ähnliches helfen, Dich auf den Weg in die Ruhe zu begeben.
- Stelle Dir vor, Du schickst Deine Gedanken für die Dauer Deines Ruhemoments in die Hängematte zum Ausruhen. Die Erfahrung zeigt, dass es damit gut gelingt, das Gedankenkarussell zu stoppen. Sollte dieser Trick nicht ausreichen, kannst Du die Gedanken zuerst notieren und dann wegschicken.
- Atme Dich in die Ruhe hinein. Deine Atmung ist eines der wirksamsten Mittel, um neue Energie zu tanken und die Entspannung zu fördern. Die nachfolgende Übung zeigt Dir, wie Du den Atem nutzen kannst, um innere Ruhe zu finden.

ÜBUNG: DICH IN DIE RUHE ATMEN

Diese Atemübung öffnet das Tor zur Ruhe. Konzentriere Dich zunächst auf Dein natürliches Einatmen. Damit wirst Du mit Energie aufgeladen. Nach fünf Atemzügen beginnst Du, Dein Ausatmen langsam und bewusst zu verlängern, bis es ungefähr doppelt so lange dauert wie Dein Einatmen. Du kannst dies durch stilles Zählen begleiten und vertiefen, wie z. B. »eins, zwei, drei – ein« und »eins, zwei, drei, vier, fünf, sechs – aus«.
Durch die Verlängerung des Ausatmens stellt sich ein deutlicher Entspannungseffekt ein.
Wiederhole diese Atemweise fünf Mal. Danach lass den Atem wieder in seinem eigenen Rhythmus fließen.

Erdung und Ruhe gehören zusammen

Es ist ein einfaches Prinzip: Wenn wir uns mit dem Erdboden verbinden, verbinden wir uns auch mit den Qualitäten der Erde: mit Ruhe, Langsamkeit, Tiefe und Stabilität. Voraussetzung ist, dass wir anhalten und für eine Weile heraustreten aus dem immerwährenden Kreislauf der Anforderungen, Aufgaben und Zerstreuungsmöglichkeiten. Dass wir bewusst eintreten in den Ruheraum, der uns erst ermöglicht zu fühlen, wo wir auf unserer Lebensreise gerade stehen.

»Wenn ich nicht gut geerdet bin, bin ich unkonzentriert, unruhig und nervös. Ich bin nicht richtig anwesend und lasse mich schneller verunsichern.« So beschrieb meine Kollegin Anne ihren Zustand, wenn ihr über einen längeren Zeitraum Ruhe- und Pausenzeiten fehlen. Andere beschreiben ihr Empfinden, wenn es ihnen an Erdung fehlt, zum Beispiel so:

- »Ich fühle mich schneller gestresst.«
- »Ständig habe ich Hunger auf Süßes.«
- »Ich lasse mich schnell verunsichern.«
- »Meine negativen Gedanken haben mich im Griff.«

Es gibt viele Möglichkeiten, sich (wieder) zu erden.

Sensationell und unschlagbar einfach gelingt es draußen – in der Natur vor Deiner Haustür!

Manchmal hilft es schon, ein paar Minuten im Alltag die Augen zu schließen. Stelle Dir einfach kurz das intensivste Bild vor, das Du innerlich festgehalten hast, und lenke so Deine Aufmerksamkeit zu Dir selbst und weg von der Flut der Eindrücke und Informationen, die gerade auf Dich einströmen.

Jeder Moment der Ruhe stärkt unsere Beziehung zu uns selbst und nährt unseren Körper, unsere Seele und unseren Geist. Indem wir uns liebevoll diesem positiven Bild zuwenden, das in uns liegt, werden wir standfester und sicherer.

ÜBUNG: EINMAL ERDEN, BITTE

Suche Dir einen Platz in der Natur, der Dich anspricht. Richte Dich dort ein. Du kannst eine Sitzunterlage oder Decke benutzen oder Du setzt oder legst Dich direkt auf den Waldboden.

Komme ganz an. Mit jedem Einatmen nimmst Du die frische Luft wahr und mit jedem Ausatmen gibst Du Gewicht und Alltagssorgen an die Erde ab. Das ist Dein Moment, um Kraft zu tanken und neue Stabilität zu gewinnen. Du kannst Dich fragen: Wie lange darf ich atmen, bis ich bei mir angekommen bin? Die Zahl, die Dir als Erstes in den Sinn kommt, ist intuitiv die richtige.

Atme und verbinde Dich immer intensiver mit der Erde. Du kannst die Erde erspüren, sie berühren, sie riechen, um noch deutlicher in Deine persönliche Erdung zu kommen. Lass Dir alle Zeit, die Du brauchst.

Wenn Du die Übung beendet hast, beantworte Dir folgende Frage: Was bedeutet es für Dich, geerdet zu sein? Immer dann, wenn es Dir im Alltag an Erdung fehlt, kannst Du Dich daran erinnern, wie es war, hier zu sein und Dich im besten Sinne geerdet zu fühlen.

In die Stille gehen

Wenn ich mit Menschen darüber spreche, was für sie Ruhe bedeutet, schildern diese ihre Erlebnisse am Meer, im Wald oder beim Wandern. Stille und Ruhe sind also offensichtlich viel mehr als die bloße Abwesenheit von Geräuschen. Im Rauschen des Windes, im Plätschern der Wellen und in der Erfahrung, dass das Gehen im Wald eine positive Auswirkung auf unser Seelenleben hat, finden wir Ruhe. Das Ruhe- und Stilleempfinden ist individuell, aber eines eint viele: die Sehnsucht nach persönlichen Rückzugsmomenten.

Warum das so ist? Wir leben in einer lauten Zeit. Die Quellen fortwährender Berieselung sind mannigfaltig, ebenso wie Zerstreuungs- und Ablenkungsmöglichkeiten unserer digitalen Begleiter. Da werden stille Momente zur Kostbarkeit. Die Folgen sind deutlich erkennbar.

- Körperlich treten immer mehr Hörschäden auf, Tinnitus-Erkrankungen sind auf dem Vormarsch.
- Psychisch gesellt sich ein Übermaß an Nervosität und Reizbarkeit dazu.
- Geistig verlieren wir den Kontakt zu unserer »inneren Stimme«.

Sich ausgelaugt, überfordert und erschöpft zu fühlen, ändert zudem die Wahrnehmung mit Blick auf unsere Lebenswirklichkeit. Da wird nicht nur aus der berühmten Mücke schnell ein Elefant, sondern auch aus einem einfachen Schatten ein angsteinflößendes Monster.

Mein Körper ist ein verlässlicher Partner, der mir rasch die Gelbe oder auch Rote Karte zeigt – je nachdem, wie schnell ich auf ihn höre. Während meines Studiums in Österreich wachte ich eines Morgens auf und hatte das Gefühl, dass mit meinem

Ohr etwas nicht stimmt. Ich hörte ein Rauschen und hatte einseitig ein ganz dumpfes Gefühl. Nach ein paar Tagen bestätigte der HNO-Arzt, dass es ein Tinnitus sei. Dagegen kann man so gut wie nichts machen. Stress rausnehmen, lautete seine Empfehlung.

Okay, dachte ich, wenn es daran liegt, dass ich zu viel um die Ohren habe, dann gönne ich meinen Ohren mal das Gegenteil. Stille, Ruhe und Natur. Ich buchte fünftägige Schweigeexerzitien in einem Benediktinerkloster in der Steiermark. Es war für mich ein Experiment, auf das ich mich aufgrund meines Leidensdruckes eingelassen habe.

Während der Fahrt hing ich meinen Gedanken nach: Wie fühlt es sich wohl an, unbedingt den Mund halten zu müssen, nicht nur für einen Moment, sondern tagelang? Würde ich das durchhalten können?

Der Kurs begann mit einer detaillierten Einführung und nach einem Übergangsritual war ich schon mittendrin im Nichts. Nicht reden, kein Small Talk, keine anregende Konversation. Für mich, die ich sowohl beruflich als auch privat immer am Gegenüber interessiert bin, war das eine ziemliche Herausforderung. Aber ich gewöhnte mich tatsächlich relativ schnell daran und fing an, es zu genießen, einmal nicht vor allem aufmerksam und zugewandt zu sein, sondern mich auf mich selbst konzentrieren zu können.

Die klösterliche Struktur aus Gebets-, Essens- und Arbeitszeiten bestimmte den Rhythmus der nächsten Tage. Die sogenannten Arbeitszeiten verbrachte ich im Freien, machte ausgiebig körperliche Übungen, wie zum Beispiel das »Tautreten«. Auf der Wiese umhergehen und den morgendlichen Tau an den Füßen spüren. Ich tauchte ein in die abwechslungsreiche und schöne Umgebung der Steiermark. Am dritten Tag jedoch wurde die Stille in mir so laut, dass ich es kaum aushalten konnte. Ich suchte Rat bei dem Mönch, der die Schweigewoche begleitete. Er meinte, ich sei nicht allein mit diesem Empfinden. Der »Krach«, der in mir tobte, gehöre zu den Erfahrungen, die viele andere Gäste auch schildern würden. Deshalb gäbe es einen besonderen Ort im Kloster, an dem all das, was rauswollte, sozusagen zur Sprache kommen könnte – auch wenn äußerlich Schweigen angesagt ist. Der Mönch führte mich zu einem Weg im Klostergarten, an dessen Ende sich eine Schale befand. Auf der Schale stand ein Zitat aus dem Matthäusevangelium: »Kommt her zu mir, alle, die ihr mühselig und beladen seid; ich will euch erquicken.« Daneben lagen Zettel, auf denen ich alles niederschreiben konnte, was laut in mir war. Der Mönch sagte mir noch, dass die Gemeinschaft an jedem Dienstag- und Freitagabend alle Anliegen mit in ihr Gebet nehmen würde. Dann ließ mich mein Begleiter allein.

Das Schreiben tat gut. Alles loszulassen und in das Gefäß, in die guten Hände und das Gebet zu geben, noch mehr.

Mein Aufenthalt im Benediktinerkloster in der Steiermark hat mich gelehrt: Stille stellt sich nicht von alleine ein, man muss sie bewusst suchen. Eine Art Aufmerksamkeitskorrektur ist erforderlich, ein Verzicht auf all das Laute, um das leise Anklopfen unserer inneren Stimme wieder hören zu können.

Zu Beginn kann es sein, dass wir die Stille kaum aushalten können. Wir sind so sehr an einen gewissen Lärmpegel und unseren Aktionismus gewöhnt, dass das ruhige, stille Nichtstun oder die neue Langsamkeit bedrohlich wirken können. Denn fernab von allem, was es zu tun gibt, wirft uns die Stille auf uns selbst zurück – und das kann Angst machen. Wir müssen erst wieder lernen, Stille zu genießen.

Zu wissen, dass wir Menschen die Fähigkeit besitzen, zugunsten eines höheren Wertes auf etwas zu verzichten, kann uns dabei helfen. Wir üben mit jeder noch so kurzen Stilleerfahrung unseren sinnvollen Verzicht auf all die Ablenkungen, die uns jederzeit zur Verfügung stehen, und werden in der Wiederholung reich beschenkt.

Es ist möglich, mit neuen Ohren zu hören. Nicht mit den Ohren des Kopfes, sondern mit den Ohren des Herzens. So gelingt es, ein »Sinn-Organ« (davon spricht Viktor Frankl) zu entwickeln, das den »Ruf« vernimmt, der täglich und stündlich an jeden Menschen ergeht: den Ruf zur konkret-sinnvollen Lebensgestaltung.

Stille hat etwas Erhabenes und Heiliges. Sie kann eine Quelle des Wissens sein. Wenn wir wirklich still werden, stellen sich Frieden und Glückseligkeit ein. Stille ist nicht leer – im Gegenteil, sie ist voller Antworten auf die Fragen, die das Leben uns stellt.

Lehrmeisterin der Stille

Die Natur ist eine hilfreiche Lehrmeisterin, um in die Stille zu finden. Wie die Hirnforschung inzwischen bestätigt, beeinflussen Naturgeräusche das sogenannte Grundeinstellungsnetzwerk im Gehirn. Natürliche Geräusche verhelfen deshalb dazu, dass wir uns besser entspannen und Stress abbauen können. Anders als bei Stilleübungen in geschlossenen Räumen wirkt diese Stille nie dröhnend auf uns. Auch wenn es draußen selten wirklich ganz still ist, holen uns die Naturgeräusche wohlwollend aus dem Klangchaos unseres Alltags heraus und vermitteln uns ein Gefühl der Behaglichkeit. Eins passt ins andere – und es wirkt zusammen wie ein großes Orchester: das Knacken im Geäst, das Rauschen des Windes in den Baumwipfeln, der Ruf des Eichelhähers und das lustige Plätschern des nahe gelegenen Baches. All diese Geräusche stören die Ruhe nicht. Und schon lässt der Stress nach, der durch ununterbrochene Reizüberflutung im Alltag entsteht.

Was wir dafür tun müssen? Uns auf die Natur einlassen und zu stillen Beobachter*innen werden. Eine innerliche Haltung einnehmen, die schaut, nicht bewertet oder eingreift, sondern offen ist für alles, was kommt. Der Natur zuhören heißt letztlich auch, sich selbst zuhören lernen.

Es gibt noch einen weiteren Grund dafür, dass die Natur eine Lehrmeisterin der Ruhe ist: Alles hat dort seine Zeit, folgt in einem faszinierenden Kreislauf, einem immerwährenden inneren Plan. Je nach Witterungsbedingungen, von Jahr zu Jahr ein wenig früher oder später, setzt sich die Natur irgendwann im Oktober zur Ruhe. Sie unterbricht ihr Wachstum.

Laubbäume bereiten sich auf die Vegetationsruhe vor, indem sie fast ausnahmslos ihre Blätter abwerfen. Sie lassen los, was sie nicht mehr brauchen. Würden sie es nicht tun, müssten sie auch im Winter ihre Blätter mit Sauerstoff und Nährstoffen versorgen und würden so »verhungern«, da die Fotosynthese in der kalten Jahreszeit nicht in ausreichendem Umfang möglich ist. Weil sie ihr Laub abwerfen, bündeln sie ihre Kräfte und verbrauchen keine unnötige Energie. Sind keine Blätter mehr am Baum, ist die Verdunstung reduziert und der Baum setzt seine Feuchtigkeit im Stamm auf ein Minimum herab. Außerdem lagern die Bäume in ihrem Inneren vorsorgend Stärke ein. Mit dieser Zuckerlösung sind sie vor Erfrierungen gewappnet.

Rückzug der Kräfte, sich anpassen an die äußeren Bedingungen und sich darauf einstellen, was kommt – mehr Lebensweisheit geht kaum. Und dann noch zu wissen, wann die Zeit gekommen ist, um innezuhalten und aufzutanken, das nenne ich Lebenskunst.

Dass unsere Zimmer- oder Balkonpflanzen von Zeit zu Zeit Wasser und Dünger benötigen, ist für uns selbstverständlich. Denn wir wissen: Bleiben diese Stärkungen aus, sieht man das den Pflanzen schnell an. Sie lassen die Blätter hängen. Mit unserem Körper verhält es sich ähnlich. Auch er zeigt uns deutlich, wenn uns etwas Wichtiges fehlt. Dann macht sich Müdigkeit breit, Verspannungen werden deutlich spürbar und unsere Frustrationstoleranz sinkt. All das ruft uns auf, uns um Stärkung zu kümmern.

Doch wie oft gehst Du über Anzeichen von Erschöpfung und Müdigkeit hinweg? Wie oft hörst Du nicht auf Deinen Körper und erschleichst Dir neue Energie über einen Kaffee oder ein anderes aufputschendes Getränk?

Mein Rat: Wenn Du merkst, dass Du müde bist, lass die Arbeit liegen und ruhe Dich aus. Unser Körper spricht über die Müdigkeit und sagt zu uns: Stopp! Ausruhen!

Um eine eigene gute Pausenkultur zu entwickeln, ist es hilfreich, seine Grenzen zu kennen und vor allem zu achten. Denn Pausen und Ruhezeiten sind ausnahmslos sinnvoll und führen stets zu höherer Produktivität und Vitalität. Das belegt die Pausenforschung, ein wissenschaftliches Fachgebiet, das es bereits seit über 100 Jahren gibt.

Erstaunlich ist: Wenn Du Dich ausruhst und scheinbar nichts tust, gerade dann passiert so viel! Dein Körper regeneriert, Deine Gedanken können zur Ruhe kommen und Deine Seele kann die vielen Eindrücke verarbeiten. Du tankst neue Kraft und schaffst einen Gegenpol zur Aktivität. Nach einer guten Pause fällt es Dir wesentlich leichter, wieder gute Gedanken zu haben.

Wie die Natur, so verfügt auch unser Körper über seinen ganz natürlichen biologischen Rhythmus. Er ist geprägt von den Polen Einatmen und Ausatmen, Schlafen und Wachen, Anspannung und Entspannung. Der Mensch leidet immer dann, wenn er diese natürliche Balance nicht mehr lebt oder längere Zeit seine natürlichen Bedürfnisse nach Ausgleich nicht beachtet. Auch eine gute Mittagspause ist eine wohltuende Unterbrechung des Alltags. Eine Auszeit von allen Anforderungen.

Viele Pausenforscher*innen empfehlen einen Ortswechsel. Damit eine Pause ihre wahre Kraft entfalten kann, müssen wir raus aus dem Arbeits- oder Alltagsgeschehen. Was liegt da näher, als ins nahe Grün zu gehen und die Seele ein wenig baumeln zu lassen? Ganz egal, ob im eigenen Garten, auf dem Balkon oder im angrenzenden Stadtwald.

Halte Ausschau nach einem schönen Platz oder einer schönen kleinen Route, die Du gehen kannst. Atme tief und genieße diese Unterbrechung des Tages, die diesem eine besondere Struktur verleiht.

Es sprach der Meister zu seinen Schülern:
»Das Glück ist ein Schmetterling. Jag ihm nach,
und er entwischt dir, setz dich hin, und er lässt sich
auf deiner Schulter nieder.«
»Was soll ich also tun, um das Glück zu erlangen?«,
fragte jemand der Zuhörenden.
»Hör auf, hinter ihm her zu sein.«
»Aber gibt es nichts, was ich tun kann?«
»Du könntest versuchen, dich ruhig hinzusetzen,
wenn du es wagst.«

Anthony de Mello[9]

Achtsamkeit ist der Schlüssel

Die beiden Freundinnen Aline und Miriam sind mit mir zu einer Wald-Wellness-Wanderung aufgebrochen. Beide sind völlig überrascht und beeindruckt, als sie zum ersten Mal Sternmoos entdecken. Ich bitte sie, sich das grüne Gewächs, das eigentlich gar kein Moos ist, sondern zur Familie der Mastkräuter gehört, in Ruhe anzuschauen. Sich sozusagen mit den Augen hineinzuversenken. Dann sollen sie die bodendeckende Pflanze mit den Händen berühren, spüren, wie flauschig weich es sich anfühlt, daran riechen. Und zu guter Letzt ermuntere ich Aline und Miriam, das Sternmoos mit ihren nackten Füßen sanft zu ertasten. Sie versinken im Moos, machen sich auf diese Weise damit vertraut. Ein Augenblick, in dem alle Alltagsgedanken in den Hintergrund treten.

In solch achtsamen Momenten lassen wir unsere Gedankenschleifen, To-do-Listen, Sorgen und Anforderungen des Alltags hinter uns.

Ein achtsamer Aufenthalt in der Natur führt uns in die Weite, hinaus aus unserer oftmals eingeschränkten Sichtweise. Wir spüren, was wirklich bedeutsam ist, das Leben an sich. Der Wind pustet Frische in unsere begrenzte Gedankenwelt. Möglichkeiten tauchen auf, sich auf Neues einzulassen. Wenn dann die äußere Ruhe auch zur inneren Ruhe wird, sinkt das Stresshormon Cortisol. Das ist Wellness für die Seele und den Körper.

ÜBUNG: ACHTSAM WAHRNEHMEN

Suche Dir einen Naturgegenstand, der Dich anspricht. Während der Meditation geht es darum, diesen zu erforschen und Dich mit ihm zu verbinden.

Richte Dir einen Platz in der Natur so ein, dass Du für eine gute Viertelstunde an diesem Ort verweilen kannst. Spüre in Dich hinein, ob Du Deine Haltung noch ein wenig verändern möchtest. Es sind oft kleine Veränderungen, die zeigen, dass wir uns selbst wertschätzen und gut für uns sorgen.
Hole einmal tief Luft, halte sie kurz an, um beim Ausatmen Deinen Körper zu entspannen.
Atme zu Beginn tief in den Beckenboden hinein und versuche, Deine Mitte zu fühlen, da, wo Du sie heute spürst, und komme ganz bei Dir an. Schon jetzt kannst Du stolz auf Dich sein, dass Du Dir diese Zeit für Dich nimmst.
Atme nun noch einmal tief ein und fülle Deine Lungen mit wunderbarer, frischer Luft. Lass beim Ausatmen die Luft spürbar durch Deine Lippen fließen. Tu dies fünf Mal in Deinem eigenen Rhythmus.
In Dir wachsen auf diese Weise Ruhe und Gelassenheit. Und es gibt in diesem Moment für Dich nichts weiter zu tun, als einfach diese innere Reise zu genießen.
Alles, was kommen mag, darf kommen; alles, was gehen soll, darf gehen. Wenn Gedanken aufkommen, begrüße sie freundlich und lass sie wie Wolken an Dir vorüberziehen.
Es ist genau richtig, so, wie es jetzt ist.

Nun widme Dich Deinem Naturgegenstand, den Du ausgewählt hast. Zunächst schau ihn Dir genau von allen Seiten an und nimm Dir dafür Zeit. Beobachte, wie sich Deine Wahrnehmung vertieft. Gibt es Überraschendes zu entdecken? Welche Farben sind vorrangig erkennbar?
Dann ertaste den Gegenstand mit Deinen Händen. Wenn es angenehm für Dich ist und Du Deine Aufmerksamkeit verstärken möchtest, schließe dabei Deine Augen. Wie fühlt es sich an? Welche Unterschiede nimmst Du wahr? Wie ist seine Beschaffenheit? Lass Dir auch hierfür genügend Zeit.
Dann nimm den Gegenstand mit Deinem Geruchssinn wahr, schnupper daran.
Versuche abschließend, alle sinnlichen Erfahrungen zusammenzufügen. Nimm auch noch einmal die Umgebung wahr. Lass Dir so lange Zeit, wie es für Dich angenehm ist. Dann komme ganz sanft wieder zurück.

Rituale sind Felsen in der Brandung des Alltags

Wenn frühmorgens der Wecker klingelt und ich mich noch ein bisschen schlaftrunken aus dem Bett herausgeschält habe, führt mein erster Weg ans Schlafzimmerfenster. Am offenen Fenster begrüße ich den neuen Tag, begrüße und segne ihn. Dieser Moment ist mir heilig. Genauso wie viele weitere kleine Gewohnheiten und Gesten über den Tag verstreut: das bewusst getrunkene Glas Zitronenwasser, das mich noch vor dem Frühstück mit Vitamin C versorgt. Mein Dankemoment, wenn ich Zeit habe, ein gutes Frühstück zu genießen. Übergangsrituale, insbesondere das Ubuntu, wenn ich allein oder in Begleitung die Natur betrete. Die Mittagspause, die in unserer Familie tatsächlich auch bei den Kindern eine feste Größe ist. Bis hin zum Abendritual, wenn ich kurz vor dem Zubettgehen noch einmal den Tag Revue passieren lasse.

Ich hüte diese Rituale wie einen Schatz. Denn ich kann sie immer dann hervorholen, wenn ich sie brauche. All diese Rituale sind für mich wie Felsen in der Brandung des Alltags.

Das Wort Ritual ist abgeleitet von dem lateinischen *ritualis* und bedeutet »den Ritus betreffend«. Damit ist eine Aktion gemeint, die oft feierlich-festlich ausgeführt wird und für den Ausführenden von hoher Bedeutung ist. Rituale finden oft instinktiv ihren Weg in unser Leben, wie z. B. das genüssliche Schnuppern an der ersten Tasse Kaffee am Morgen oder mein Natur-Kraft-Ritual, das ich für mich entwickelt habe, um vor einer Wanderung zu mir zu kommen. Ihre volle Wirkung entfalten sie jedoch erst, wenn wir sie bewusst wahrnehmen. Jedes Ritual – egal wie kurz oder lang – lebt von Deiner persönlichen Wahrnehmung.

Rituale verbinden uns mit unserem Unbewussten. Sie können uns den Weg zu einem intensiveren Erleben ebnen und sind im Tages- und Wochenablauf auch deshalb eine wertvolle Hilfe. Sie helfen, den Alltag bewusst und gut zu strukturieren, können Ruhe, Halt und Orientierung geben. Vielleicht ist in der folgenden Aufzählung etwas für Dich dabei, das Du in den nächsten Tagen ausprobierst?

Dein Morgenmoment

Mit einem bewussten Start in den Tag schaffst Du die Voraussetzung für sein Gelingen.

Finde einen Platz in Deiner Wohnung, Deinem Haus, auf dem Balkon oder draußen im Garten, der direkt nach dem Aufstehen gut für Dich erreichbar ist. Der Ort sollte einladend auf Dich wirken. Nimm dort eine aufrechte Haltung im Sitzen oder Stehen ein. Atme tief und spüre, wie es Dir so kurz nach dem Aufwachen geht. Nach einigen weiteren Atemzügen stell Dir vor, dass der neue Tag vor Dir liegt wie ein weißes Blatt Papier. Du bekommst es geschenkt als weitere Möglichkeit, ein Kapitel Deines Lebens zu schreiben. Womit soll Dein Blatt heute Abend gefüllt sein? Was soll darauf stehen? Welche Bilder und Farben kommen Dir in den Sinn?

Dann schau, ob Du dem noch vor Dir liegenden Tag und dem Blatt eine Überschrift geben kannst. Atme dann noch einige Male tief in Deine Körpermitte und beginne auf diese Weise Deinen Tag.

Ein guter Start in den Tag wirkt sich auf den ganzen Tagesablauf aus. Dabei ist wichtig, dass die Morgenroutine zu Dir passt, Dir Freude bereitet und Dich bereichert. Sei kreativ und probiere aus, was Dir einen guten Morgen bereitet. Für die einen ist es die bewusste Zeit am offenen Fenster, für andere eine kurze Yoga-

Einheit, wieder andere lesen jeden Tag in der Frühe einen inspirierenden Text, meditieren darüber oder beten. Deine Morgenroutine kann so individuell und einzigartig sein wie Du selbst.

Früher bin ich oft ins Wochenende hineingestolpert. Und so schnell wie ich reingestolpert bin, war es dann auch schon wieder vorbei. Und ich dachte am Sonntagabend enttäuscht: Das soll das Wochenende gewesen sein?

Erst als ich anfing, den Übergang zwischen Arbeitswoche und Wochenende bewusster zu gestalten, fühlte ich mich nach dem Wochenende auch wirklich erholt. Rituale helfen dabei, die Arbeitswoche gut abzuschließen, Stress abzubauen und sich wirklich zu erholen. Ich liebe es, mein Leben auf diese Weise ein Stück weit positiv zu gestalten!

Ritual zum Wochenende

1. Mache den Kopf frei, indem Du Deinen Arbeitsplatz ganz bewusst und in Ruhe aufräumst und dabei eine To-do-Liste für die nächste Arbeitswoche schreibst. Was Du notiert hast, kannst Du danach zur Seite legen, Du musst Dich nicht weiter damit beschäftigen. Das ist ein großes Plus.
2. Belohne und verwöhne Dich am Freitagabend mit einem besonderen Essen, einem entspannten Bad, einem Gang in die Sauna oder was auch immer Dir besonders guttut. Damit setzt Du einen Endpunkt hinter die Arbeitswoche.
3. Slow down – in der Woche hast Du vielleicht eng getaktete Tage und musst schnell von einem Termin zum nächsten. Jetzt darf sich Dein Tempo verlangsamen und in Deinen Wochenendrhythmus finden. Weniger ist jetzt mehr!

Am Abend

Ein regelmäßiger Tagesrückblick ist eine einfache Sache mit tiefgreifender Wirkung. Damit gelingt es, den Fokus auf Stärkendes und Gelingendes in Deinem Leben zu lenken. Gleichzeitig kannst Du die Dinge wahrnehmen, die Du gern verändern möchtest. Ein regelmäßiges Abendritual verhilft Dir zu einer besseren Wahrnehmung, Klarheit und Wertschätzung für das, was war, und das, was ist.

Nimm Dir dafür am Abend ein wenig Zeit, um folgende vier Fragen zu beantworten:

- Was hat mir heute Freude bereitet?
- Wie habe ich mich heute gefühlt?
- Wofür und wem bin ich heute dankbar?
- Was möchte ich morgen gerne anders machen?

Ob Du diese Fragen in Gedanken oder schriftlich beantwortest, spielt keine Rolle. Viele machen die Erfahrung, dass sie gerne nach einer gewissen Zeit in ihren Aufzeichnungen blättern und dabei feststellen, wie positiv sich der regelmäßige Rückblick verändert hat.

Übrigens eignen sich die Fragen auch wunderbar für einen guten Tagesabschluss mit Kindern kurz vor dem Zubettgehen.

Mit Rhythmus lebt sich's besser

Ein Mann geht im Wald spazieren. Nach einer Weile sieht er einen Holzfäller, der hastig und sehr angestrengt dabei ist, einen auf dem Boden liegenden Baumstamm zu zerteilen. Er stöhnt und schwitzt und scheint viel Mühe mit seiner Arbeit zu haben. Der Spaziergänger geht etwas näher heran, um zu sehen, warum die Arbeit so schwer ist. Schnell erkennt er den Grund und sagt zu dem Holzfäller: »Guten Tag, ich sehe, dass Sie sich Ihre Arbeit unnötig schwer machen. Ihre Säge ist ja ganz stumpf, warum schärfen Sie sie denn nicht?« Der Holzfäller schaut nicht einmal hoch, sondern zischt durch die Zähne: »Dazu habe ich keine Zeit, ich muss doch sägen!«

Wie oft hetzen wir durch unsere Tage, reihen Termin an Termin aneinander und gönnen uns kein Verschnaufen. Wir hasten durch unser Leben, versuchen, alle Aufgaben irgendwie zu bewältigen, und sinken abends erschöpft auf unsere Couch, um festzustellen, dass etwas Wesentliches fehlt. Dann gleichen wir dem Holzfäller aus der Geschichte. Oder einem Musiker, der ein Stück spielt, ohne auf die Pausen zu achten. Was kommt dabei heraus? Sicherlich nichts Gutes. »Die Musik steckt nicht in den Noten, sondern in der Stille dazwischen« – so formulierte es Wolfgang Amadeus Mozart. Genauso gilt: Erfüllung finden wir nicht ausschließlich im Tun, es braucht auch die Ruhezeiten dazwischen. Töne und Stille, Tun und Ruhen – das gemeinsam ergibt einen guten Rhythmus.

Auch die Natur macht uns vor, dass alles seine Zeit hat. Sie ist darin ein gutes Vorbild für unseren eigenen Tages- und Lebensrhythmus. Viele Blumen öffnen ihre Blüten beispielsweise pünktlich zur Morgensonne und schließen sie wieder mit Beginn der Abenddämmerung. Sie reagieren gekonnt auf das, was sie umgibt, und passen sich an. Werden, Vergehen und Ruhen sind notwendig, damit sich das Neue seinen Weg bahnt. Die Natur zeigt uns, wie es möglich ist, ein gutes Leben zu führen. Der Naturkreislauf kann uns ein gutes Spiegelbild sein, unsere Lebensfacetten wahrzunehmen und uns auf die immerwährende Veränderung und den Wandel einzulassen.

Wenn wir das Gefühl für unser eigenes Tempo verloren haben, hilft es uns, uns an der Natur zu orientieren, um wieder ins Gleichgewicht zu kommen.

»Ich lass mich nicht mehr verbiegen, ich gehe in meinem Tempo. Wenn ich mein Tempo kenne und akzeptiere, kommt der gesunde Rhythmus, der mir entspricht, von ganz allein!« So beschrieb es Christof, den ich bei einer Coachingwanderung kennenlernte. Auch erinnere ich mich an Sonja, die sagte: »Wenn ich anstatt auf die äußeren auf meine inneren Taktgeber achte, fühlt sich mein Leben an wie ein Tanz und nicht wie eine Jagd, bei der ich den Terminen hinterherhetze.«

Im Rhythmus eines Tages – ganz natürlich!

Das Besondere am frühen Morgen ist die fühlbare Energie, wenn der beginnende Tag die stille Nacht ablöst. Wenn die Dunkelheit weicht, liegt der Tag nach der Dämmerung noch unberührt vor uns und lädt uns ein, uns mit unserer Hoffnung

und Inspiration zu verbinden. Wir haben es in der Hand, wie wir uns auf das Kommende einstimmen.
Wie beginnst Du Deinen Morgen in aller Regel? Diese besondere Zeit, wenn Du vielleicht noch etwas verschlafen die ersten Schritte in den noch jungen Tag gehst.

Einige Morgenrituale habe ich schon beschrieben. Zu etwas, was mir persönlich hilft, möchte ich Dich noch einladen: Wenn es Dir möglich ist, mache Dich einmal in den frühen Morgenstunden auf den Weg in die nahe Natur. Laufe durch einen Park, über eine Wiese am Stadtrand, durch den Wald. Vermutlich wirst Du zu dieser frühen Zeit kaum anderen Menschen begegnen. So kannst Du Dich ganz auf Dich besinnen und Deinen Tag mit nährenden Gedanken beginnen. Beispielsweise der Antwort auf die Frage: Welche »Samen« möchte ich heute säen? Was soll in mir wachsen? Was soll aufblühen? Wofür braucht es Geduld? Wie möchte ich den Tag gestalten?

Wenn die Zeit nicht für einen Spaziergang in die Natur reicht, kannst Du ein solches Ritual, wie schon beschrieben, auch am offenen Fenster in Deiner Wohnung ausprobieren. In jedem Fall spürst Du die besondere Atmosphäre, die am Morgen in der Luft liegt. Atme tief ein und fülle Deine Lungen mit noch unverbrauchter, frischer Luft.

Bei einem Aufenthalt im Kloster Münsterschwarzach durfte ich an der Morgenhore der Mönche teilnehmen. Die Morgenhore oder Laudes bezeichnet den Lobgesang zu Beginn des Tages. Um fünf Uhr in der Früh versammeln sich die Mönche in der Kirche.

Eine sehr besondere Form des Lobens ist der »Sonnengesang« des heiligen Franziskus aus dem 13. Jahrhundert. Er preist die Schönheit der Schöpfung und dankt Gott dafür. Es ist ein kraftvolles Lob Gottes, das sich nicht nur auf die Natur bezieht, sondern auf die gesamte Schöpfung. Und dies war sicherlich im Hochmittelalter alles andere als selbstverständlich.

Der Sonnengesang

Höchster, allmächtiger, guter Herr,
dein sind das Lob, die Herrlichkeit und Ehre
und jeglicher Segen.
Dir allein, Höchster, gebühren sie,
und kein Mensch ist würdig, dich zu nennen.

Gelobt seist du, mein Herr,
mit allen deinen Geschöpfen,
zumal dem Herrn Bruder Sonne,
welcher der Tag ist und durch den du uns leuchtest.
Und schön ist er und strahlend mit großem Glanz:
Von dir, Höchster, ein Sinnbild.

Gelobt seist du, mein Herr,
durch Schwester Mond und die Sterne;
am Himmel hast du sie gebildet,
klar und kostbar und schön.

Gelobt seist du, mein Herr,
durch Bruder Wind und durch Luft und Wolken
und heiteres und jegliches Wetter,
durch das du deinen Geschöpfen Unterhalt gibst.
Gelobt seist du, mein Herr,
durch Schwester Wasser,
gar nützlich ist es und demütig und kostbar und keusch.

Gelobt seist du, mein Herr,
durch Bruder Feuer,
durch das du die Nacht erleuchtest;
und schön ist es und fröhlich und kraftvoll und stark.

Gelobt seist du, mein Herr,
durch unsere Schwester, Mutter Erde,
die uns erhält und lenkt
und vielfältige Früchte hervorbringt
und bunte Blumen und Kräuter.
…
Lobt und preist den Herrn
und dankt ihm und dient ihm mit großer Demut.[10]

Wenn wir unser Augenmerk auf all das legen, was es in unserem Leben an Lobenswertem gibt, gewinnen wir Abstand von uns selbst. Wir justieren unsere Aufmerksamkeit auf das, was uns geschenkt wurde und wodurch wir gesegnet sind. Das, was unser Leben lebenswert macht. Das Loben holt die Dinge aus der Selbstverständlichkeit. Wer das Loben regelmäßig einübt, wird achtsamer für das Wunder des Lebens und die Schönheit Gottes.

Ist Dir bewusst, welch machtvolles Instrument unsere Gedanken sind? Besonders in den Morgenstunden können wir uns – jeden Tag neu – ausrichten auf das Gute, das uns geschenkt ist, und damit unseren Tag mit einem positiven Vorzeichen versehen, das nicht wirkungslos bleiben wird.

Am Mittag kannst Du eine kleine Rückschau halten und dann die nächsten Stunden in den Blick nehmen. Was ist am Vormittag gut gelaufen? Was hat mich gefreut? Was hat (noch) nicht geklappt – und was steht heute noch an? Danach kannst Du Dich gestärkt wieder den Aufgaben widmen, die auf Dich warten.
Und auch am Abend lohnt es, nochmals innezuhalten und dem zur Neige gehenden Tag einen besonderen Akzent zu geben. Ein guter Freund hat mir erzählt, dass er sich, kurz bevor die Dämmerung einsetzt, in seinem Dorf auf den Weg durch die Straßen macht. Er mag es, wenn das sonst rege Leben langsam zur Ruhe kommt. Er nimmt die beleuchteten Fenster und den Blick in die ein oder andere Stube fast wie ein Gemälde wahr. Bei seinem langsamen Gang lässt er den Tag Revue passieren und findet so die nötige Entspannung.

Auch die Atmosphäre in der Natur ist am Abend besonders. Es sind andere Geräusche zu hören, denn jetzt lassen sich andere Waldbewohner blicken. Viele Rehe und andere Tiere kommen aus ihren Verstecken und fressen in Ruhe. Hier und da sind Käuze und Eulen zu hören und Fledermäuse fliegen pfeilschnell durch die Baumwipfel. Im Geruch der Luft ist gespeichert, was der Tag mit sich gebracht hat. Hat es geregnet, kannst Du einen würzigen Geruch wahrnehmen. War es sonnig, ist die Luft weich, immer noch warm und scheinbar getränkt von Sonnenstrahlen. Es hat etwas Beruhigendes, inmitten von Bäumen, Sträuchern und Gewächsen den Abend zu beschließen.

Dies ist die richtige Zeit, um auf den Tag zurückzublicken. Kennst Du das Gefühl, dass man sich am Abend fragt, wo nur der Tag geblieben ist? Was habe ich heute eigentlich die ganze Zeit über gemacht? Den Tag noch einmal Stunde für Stunde zu betrachten und das Getane und Erlebte zu würdigen, braucht etwas Übung, aber es tut gut.

Im Hier und Jetzt

In jedem Frühjahr bewundere ich die Blüte eines Magnolienbaumes, der unweit von unserem Haus steht. Und jedes Jahr nehme ich mir vor, dieses Schauspiel intensiver zu genießen und mir Zeit zu nehmen, mich öfter auf die Parkbank gegenüber zu setzen. Doch geschafft habe ich es noch nie, denn die Magnolienblüte ist von kurzer Dauer und viel zu schnell sprießen die grünen Blätter und die Blütenpracht hat ein Ende.

Es ist ein kurzes Glück, das dann genossen werden will, wenn es da ist.

Manche verknüpfen mit der Blüte der Maienkirsche eine spirituelle Erfahrung. Sie erinnern sich bei der Betrachtung daran, dass diese Schönheit – wie das Leben auch – vergänglich ist.

Und so ist es mit jedem Augenblick. Vieles ist flüchtig, nicht von Dauer. Deshalb sollten wir unsere Zeit nutzen, den Moment ergreifen – auch den, der uns Ruhe schenkt.

Kennst Du die beiden Monster, die uns allzu oft davon abhalten? Sie heißen: Hadern mit der Vergangenheit und Angst vor der Zukunft. Das eine Monster lockt uns, unzufrieden in unserer Vergangenheit herumzuwühlen, und das andere lässt uns sorgenvoll nach vorne blicken oder hat eine endlose Liste der noch zu erledigenden Aufgaben im Gepäck. Manchmal sind wir mit diesen Gedankenmonstern derart beschäftigt, dass uns das Jetzt und damit das wahre Leben vollständig abhandenkommt.

Aber wir dürfen uns daran erinnern, dass wir selbst entscheiden können, welchen Gedanken wir Raum geben. Also lass Dir Deine Zeit nicht von diesen beiden Monstern rauben, sondern fülle Deine Lebenszeit sinnvoll. Ruhepausen gehören unbedingt dazu. Sie sind die Voraussetzung dafür, dass Deine Lebenswanderung gelingt und Dir nicht zwischendurch sprichwörtlich die Puste ausgeht.

Worauf schaust Du?

Den Blick weiten

»Ich sehe vor lauter Bäumen den Wald nicht mehr!«, meint Claudia bei einer gemeinsamen Wanderung und schaut mich verzweifelt an – um im nächsten Moment gemeinsam mit mir in ein herzhaftes Lachen auszubrechen. Wie treffend beschreibt diese Redewendung doch ihre Lebenssituation, obwohl sie eigentlich nicht zu Claudias gewöhnlichem Wortschatz zählt. Dass sie »das große Ganze« momentan nicht sieht, den Blick fürs Wesentliche verloren hat. Ja, wie oft geht es uns allen so, dass wir auf der Suche sind und die naheliegende Lösung für unser Problem nicht sehen, obwohl sie für Außenstehende offensichtlich ist.

Claudia war verblüfft, zu welchen Beschreibungen sie im Wald fähig war und wie treffend und richtig sich das alles für sie anfühlte. Diese Erfahrung mache ich häufig. In einer Umgebung, in der uns viel Natürliches umgibt, nehmen wir andere Dinge wahr und kommen auf andere, oft hilfreiche Gedanken.

Claudia kommt schon seit zwei Jahren zu mir in die Beratung. Nach der Trennung von ihrem Mann sucht sie meinen Rat. Inzwischen lebt die 43-Jährige mit ihren beiden Teenager-Jungs in dem Haus, das einst das Familiendomizil gewesen war. Neben ihrer Arbeit als Kinderkrankenschwester betreut sie ihre sechs Jahre jüngere Schwester, die aufgrund einer geistigen Beeinträchtigung in einer Wohngruppe im Nachbarort wohnt. Im vergangenen Jahr hat Claudias Leben eine neue

Wendung genommen. Während eines Kurzurlaubs hat sie Carsten kennengelernt. Auch er ist geschieden und hat eine 15-jährige Tochter, die jedes zweite Wochenende bei ihm verbringt. Sie entdeckten sehr schnell viele gemeinsame Interessen und Lebensansichten und sind sich rasch nähergekommen. »Es passt einfach«, berichtete Claudia während einer gemeinsamen Wanderung mit strahlenden Augen. Doch nun steht sie vor schwerwiegenden Entscheidungen. Nach einem Jahr Fernbeziehung mit 400 Kilometern zwischen ihnen suchen Claudia und Carsten nach Möglichkeiten für einen gemeinsamen Lebensmittelpunkt. Carsten führt eine Tischlerei und ist deswegen nicht mobil. Claudia fühlt sich hilflos, ohnmächtig und zu keiner Entscheidung fähig. Sie hat große Sehnsucht danach, mehr Zeit mit ihrem Partner zu verbringen, doch genauso stark ist die Abneigung, ihren Kindern das vertraute Umfeld zu nehmen. Und dann ist da ja auch noch ihre Schwester, um die sie sich kümmert. Für sie würde ein Umzug einen kaum zumutbaren Einschnitt bedeuten.

Für solche Konfliktsituationen habe ich einen Bilderrahmen in meinem Rucksack. Es ist ein weißer, schnörkelloser Rahmen ohne Rückseite und Glas. Als ich ihn auspacke, befinden Claudia und ich uns in einem Waldstück mit hochgewachsenen Buchen, deren Kronen weit in den Himmel ragen. Ich bitte Claudia, an der Stelle, an der sie steht, durch den Bilderrahmen zu schauen und mir den Wald in seiner Ganzheit zu beschreiben. Sie setzt an, hält den Rahmen vor ihr Gesicht und versucht, die richtige Perspektive zu wählen. Doch es gelingt ihr nicht. »Ich muss weiter zurücktreten«, sagt sie, »damit ich alles ins Bild bekomme.« Und tatsächlich: Je weiter sie zurücktritt, umso besser kann sie die Szene »einfangen«.

Mit dieser Erfahrung leitete Claudia von sich aus den Perspektivenwechsel für ihre Lebenssituation ein. Sie hatte alles bis dahin schon tausend Mal durchdacht, ohne zu einem Ergebnis zu kommen. Jetzt merkte sie, dass es darum geht, ein Stückchen zurückzutreten und sich zunächst in die Rolle der Beobachterin zu begeben, um ihre vielen Themen im Ganzen zu erfassen.

Wir ließen uns dazu an einer kleinen Lichtung nieder, die umwachsen war von Brombeersträuchern voller lila und schwarz glänzender Früchte. Ein Baumstumpf diente uns als Tisch. Dort verschafften wir uns mit Kärtchen, die Claudia beschriftete, einen Überblick über ihre Herausforderungen und Möglichkeiten. Dann bat ich sie, in der Natur Dinge zu suchen, die die verschiedenen Alternativen symbolisierten.

Neugierig machte sich Claudia auf den Weg. Sie ließ sich Zeit, um zu schauen, was ihr die Natur vor die Füße legte. Während sie verschiedene Dinge sammelte, fiel ihr auf, wie viele Optionen sie eigentlich hatte. Und sie war jetzt schon verblüfft darüber, dass sie mit den Gegenständen, die sie gefunden hatte, auf sehr unterschiedliche Art und Weise sympathisierte.

Nun bat ich Claudia, sich gedanklich in eine ihrer wohlwollenden Freundinnen zu versetzen. Was würde diese zu ihrer Situation sagen? Welchen Rat würde sie ihr geben? Gab es eine Lösungsmöglichkeit, die sie empfehlen würde, auf die Claudia selbst noch nicht gekommen war? Diese Art des Perspektivenwechsels hilft immer dann, wenn wir selbst nur einen Lösungsweg sehen – weil wir einen Tunnelblick haben. Durch die neue Perspektive wird bildlich gesprochen das Objektiv, durch das wir die Welt betrachten, auf weit gestellt.

Gute Entscheidungen treffen wir nur dann, wenn Herz und Kopf zusammenarbeiten, wenn Verstand und Bauchgefühl gleichberechtigt sind. Doch wie schafft man das in einer solchen Situation?

Claudia machte es so: Sie nahm jeden Naturgegenstand, der für eine mögliche Lösung stand, in die Hand, schloss die Augen und fühlte sich in die Entscheidung ein, so als sei sie bereits getroffen. Das tat sie mit allen vier Gegenständen.

Nachdem sie fertig war, nahm sie den vorletzten wieder in die Hand, schaute den langen Zweig, an dessen Ende zwei kleine Tannenzapfen hingen, noch einmal intensiv an und sagte: »Das ist es.« Sie spürte deutlich die Resonanz, die von dem Zweig ausging. Ihr war einerseits wichtig, dass sie deutlich mehr Zeit als bisher bei ihrem Freund verbringen wollte, doch da war mehr. Zwei, die an ihr hingen. Ihre Kinder. Es war nicht an der Zeit, ihre Heimat zu verlassen und ihre Kinder auf diese Weise zu entwurzeln.

Sobald die Kinder etwas älter waren, wollte sie mit Carsten über den nächsten Schritt sprechen. Aber jetzt sollte erst einmal alles so bleiben, wie es war. Sie fand zudem Wege, wie sie trotz dieser Entscheidung mehr Raum für ihre neue Partnerschaft haben konnte.

Die Natur hilft uns dabei, unsere Aufmerksamkeit zu schulen und neu auszurichten. Wenn ich länger und genauer hinschaue und mich auf Naturerfahrungen einlasse, werde ich automatisch mehr sehen. Mir wird mehr begegnen. Ich werde mehr riechen und mehr hören. So erkenne ich in dem umgestürzten Baum einen Unterschlupf für zahlreiche Käfer und andere Waldbewohner. Die Wasseroberfläche des Teiches gibt bei längerer Betrachtung den Blick auf Fische frei, und was uns am Uferstreifen zunächst einfach als grünes Pflanzenmeer erscheint, entpuppt sich als eine Vielzahl von Buschwindröschen, Scharbockskraut und Farnen.

Wir können unsere Wahrnehmung fokussieren, um Details intensiver wahrzunehmen, oder wir können unser »Objektiv« weiter stellen, um das große Ganze und die Zusammenhänge zu erfassen. Da, wo unsere Aufmerksamkeit ist, ist unser Erleben. Das bedeutet auch: Wenn wir mit einem scheinbar unlösbaren Dilemma beschäftigt sind, sehen wir vielleicht erst einmal nur die Probleme und Schwierigkeiten, die damit verbunden sind. Dann hilft es, wie bei Claudia, ein paar Schritte zurückzutreten, um das große Ganze sehen zu können. Und dann neu ausgerichtet auf die Details zu schauen.

Mit einem Ast auf Du und Du

Während einer Waldwanderung im Frühjahr lud ich die Teilnehmenden zu einer Wahrnehmungsübung ein. Zuvor hatte jede*r einen Naturgegenstand gesucht, der ihn oder sie ansprach. Dann ließen wir uns auf einer kleinen Anhöhe im Wald nieder und alle richteten sich mit der mitgebrachten Decke oder einem Sitzkissen einen Platz ein. Die Teilnehmenden hatten nun zehn Minuten Zeit für sich, um den Naturgegenstand im Detail wahrzunehmen. Sie sollten ihn ansehen, riechen, fühlen, tasten, erforschen und so in ihn »eintauchen«. Mona, eine Teilnehmerin, die noch recht neu in der Gruppe war, reagierte sichtlich erstaunt: »Waaas, zehn Minuten soll ich das betrachten??? Es ist doch nur ein Zweig!« Dabei schaute sie irritiert auf den kleinen Ast, den sie in der Hand hielt.

Trotzdem ließ sie sich darauf ein – mit einem erstaunlichen Ergebnis. Als ich die Gruppe nach zehn Minuten sanft aus der achtsamen Betrachtung herausholte, war es ausgerechnet Mona, die sich kaum von ihrem Zweig lösen konnte. »Ich fasse es nicht, jetzt bin ich mit dem Ast quasi per Du. Der geht auf jeden Fall mit mir nach Hause«, meinte sie schmunzelnd. Und dann ließ sie die Gruppe an ihren inneren Erlebnissen teilhaben.

Zunächst hatte sie den Eindruck, bereits alles gesehen zu haben. Ihr innerer Miesepeter, wie sie ihn nannte, legte richtig los. Negative Gedanken prasselten auf sie ein und sie wollte die Übung schon abbrechen. Was soll das Ganze eigentlich und warum mache ich das hier überhaupt? Da fiel ihr ein, was ich der Gruppe vor Beginn der Übung geraten hatte: Sie sollten sich in die Rolle des Betrachters begeben und schauen, was in ihnen passieren würde. Wenn die hinderlichen Gedanken nicht abrissen, konnten sie einen entwaffnenden Satz verwenden. Er lautet: Dann ist das jetzt eben so! Ein Schlüsselsatz, der das Los- und Einlassen fördert. So auch bei Mona. Mit einem Mal war Ruhe in ihrem Kopf und sie begann, den Zweig von allen Seiten zu betrachten. Sie entdeckte Furchen, winzige Vertiefungen und kleine grüne Moospünktchen, die sich an einem Ende wie Perlen auf einer Schnur aneinanderreihten. An der Abbruchstelle des Zweiges war saftiges Holz zu sehen. Einige Splitter ragten hinaus und erinnerten sie an Eiszapfen. Dann roch sie an ihrem Ast. Nie hätte sie gedacht, dass ein Ast an verschiedenen Stellen so unterschiedlich riechen kann. Sie fühlte sich jedenfalls mit allen Sinnen in die Aufgabe ein und stellte am Ende der Zeit fest, dass die negativen Stimmen in ihrem Kopf stumm geblieben waren. Es war eine neue Erfahrung für Mona, sich auf eine scheinbar so simple Sache wie einen Ast vollkommen einzulassen und dadurch – quasi durch die Hintertür – mit Ruhe und Gelassenheit beschenkt zu werden.

Mona kannte die inneren Stimmen, die häufig dafür sorgten, dass sich das Leben für sie anstrengend anfühlte. An diesem Nachmittag hatte sie gelernt, dass sie die Miesepeter-Stimmen wahrnehmen und akzeptieren konnte, um dann den Fokus auf etwas zu lenken, was ihr am Herzen lag.

Wie ist es bei Dir? Worauf schaust Du meistens? Betrachtest Du eher das Gelingende, Heilende, Gute oder leuchtest Du das Dunkle, Hässliche und Fehlerhafte aus? Beides umgibt uns im Außen und im Inneren zuhauf. Es liegt in Deiner Hand zu entscheiden, welchen Gedanken Du groß machen, ausleuchten und heranzoomen willst. Die Entscheidung, worauf Du Deinen Fokus richten willst, kann Dein Leben verändern. Denn jede Situation kann aus mindestens zwei Blickwinkeln betrachtet werden: einem negativen und einem positiven. Und die Art, wie wir eine Situation betrachten, geht erstaunlicherweise auf die Situation über. Sie wird eine andere.

Nicht nur, *was* wir erblicken, ist von Bedeutung, sondern, *wie* wir etwas ansehen. Denn mit den Augen der Liebe, Geduld und Dankbarkeit wandelt sich alles. Jedes Gewächs zeigt seine wahre Schönheit, jedes Geschöpf lässt etwas Liebenswertes durchscheinen und jede Erfahrung, die wir machen, offenbart ihr Geschenk an uns.

Sehen, was nicht sichtbar ist

Eine Buchecker beginnt im Verborgenen zu keimen. Der Buchensamen durchbricht die Schale und ein zarter Sprössling treibt hervor. Erst einige Zeit später ragt der sichtbare Teil aus der Erde. Er wächst, wird größer, stärker und entfaltet sich. Aus einem kleinen Samenkorn reift mit den Jahren ein stattlicher Baum heran.

Im Verborgenen liegen oft auch die Ursachen unserer Probleme, Sorgen, Nöte und hinderlichen Verhaltensmuster. Und genau dort liegt häufig auch der Schlüssel, die Herausforderungen zu meistern. Dieses Verborgene ans Licht zu bringen und die Realität anzuerkennen, ist unglaublich befreiend, denn es trägt dazu bei, sich selbst besser zu verstehen. Manchmal muss man die Augen schließen, um wieder klarer sehen zu können. Denn erst wenn alle Ablenkungen ruhen, können wir uns innerlich auf das fokussieren, was bildlich gesprochen tiefer liegt.

In der Geschichte vom kleinen Prinzen, geschrieben von Antoine de Saint-Exupéry, steht der viel zitierte Satz: »Man sieht nur mit dem Herzen gut, das Wesentliche ist für die Augen unsichtbar.« Auch die berühmte Inschrift »Erkenne dich selbst«

am Apollo-Tempel in Delphi deutet darauf hin, dass sich die Menschen seit jeher mit der Frage beschäftigen: »Wer bin ich eigentlich?«

Selbsterkenntnis ist der Schlüssel, um das Leben so gestalten zu können, wie es mir entspricht, bessere Beziehungen zu leben und gute Entscheidungen zu treffen. Viktor Frankl hat dies so formuliert: »Sinn kann nicht gegeben, sondern muss gefunden werden.«[11] Im eigenen Leben nach Sinnvollem zu suchen, macht das Leben spannend und verleiht ihm Tiefe. Erst wenn ich Klarheit darüber habe, was mein Leben wahrhaftig, wesentlich und stimmig macht, kann ich den Weg finden und gehen, der wirklich zu mir passt; der mich erfüllt und für den ich bereit bin, Herausforderungen und Anstrengungen auf mich zu nehmen.

Doch wie komme ich zu dieser Klarheit? Wie kann ich sie erkennen, wenn doch das Wesentliche für die Augen unsichtbar ist? Dazu hilft die folgende Übung.

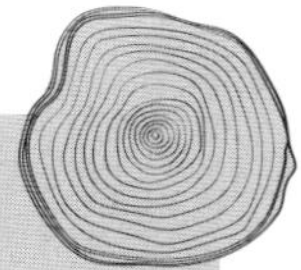

ÜBUNG: EINE BESONDERE INNENSCHAU

Halte bei Deinem nächsten Waldspaziergang an einem Baumstumpf inne, bei dem Du die Jahresringe sehen kannst. Betrachte die Baumscheibe von außen nach innen:

- Die *Rinde* des Baumes zeigt seine Originalität. Von Wind und Wetter gegerbt, ist sie ein Sinnbild für die Verschiedenheit des Lebens. Kein Baum gleicht dem anderen, so wie auch wir Menschen höchst individuelle Wesen sind. Statur, Haar- und Augenfarbe, Gesichtszüge, Stimme und Haltung machen uns aus.
- Die *Jahresringe* des Baumes stehen symbolisch für das bisher gelebte Leben. Hochgefühle und Tiefpunkte, aufkeimendes Wachstum und Stillstand. Dürre und Fülle. Das menschliche Leben voller Gefühle, Denkmuster und Gemütsbewegungen. Unsere »Erlebensseite«. Daraus resultieren unsere Verhaltensweisen.
- Die *Mitte* des Baumes – der Kern – ist ein Sinnbild für unseren heilen Wesenskern. In der Logotherapie nennt man diesen Bereich die geistige Dimension. Sie macht den Unterschied. Denn in der geistigen Dimension ist unser Sinn- und Wertstreben angelegt. Außerdem können wir kraft unseres Wesenskerns Stellung nehmen zu körperlichen und seelischen Beschwerden, können uns mit unseren Gefühlen auseinandersetzen und so Gestalter*innen unseres Lebens werden.

Um zu mehr Klarheit zu kommen, zeichne bitte eine Baumscheibe mit allen drei Merkmalen (Rinde, Jahresringe und Baumkern) in Dein Notizbuch. Beschrifte die Zeichnung mit Deinen ureigenen Merkmalen.
Wie ist das bei mir?
Welche äußeren Merkmale machen mich einzigartig?
Was habe ich bereits erlebt?
Was hat mich geprägt?
Welche Gefühle und welche Gedanken gehören zu mir?
Welchen Wesenskern erahne ich für mich? Was macht mich aus?
So kannst Du Dich jedem einzelnen Element nähern und es auf Dein Leben übertragen.

Es versteht sich von selbst, dass diese Übung besonders intensiv ist, wenn Du sie an einem schönen Platz im Wald durchführst. Wenn Du magst, kannst Du einen Freund oder eine Freundin zu dieser Übung einladen und Ihr könnt über Eure Erkenntnisse miteinander ins Gespräch kommen.

Im Spiegel der Natur unser Leben betrachten

Wenn wir mit offenen Augen durch die Natur gehen, begegnen uns die Elemente Erde, Wasser, Luft und Feuer in unterschiedlichster Form. Die Elementenlehre besagt, dass alles Sein in bestimmten Mischungsverhältnissen aus diesen vier Grundelementen bzw. »Essenzen« oder »Wurzelkräften« besteht. So ist es auch in unserem Leben. Es kommt auf das richtige Mischungsverhältnis an. Ausgewogenheit und Balance helfen uns, ein Leben zu leben, in dem wir uns wohlfühlen.

Im Folgenden betrachte ich die einzelnen Elemente und deren seelisch-geistige Bedeutung etwas genauer:

Erde

Das Element Erde weist auf alles hin, was uns trägt. Es erinnert mich an mein Lebensfundament, den Grund, auf dem ich stehe, an meine Wurzeln, aber auch an das, was daraus wachsen will und kann. Wir sprechen von Mutter Erde, zu der wir eine tiefe Verbundenheit haben. Wann hast Du das letzte Mal auf dem Waldboden gesessen und seine tragende Kraft wahrgenommen?

Wasser

Wasser steht für Reinheit und Klarheit, erfrischt und erneuert. Es steht auch für Tiefe und die Ruhe, die in ihm zu finden ist, obwohl die aufgewühlte Oberfläche es vielleicht nicht erahnen lässt. Wasser kann stark sein, aber auch sanft. Beides ist möglich.

An meiner Haustür führt ein Deichweg vorbei. Er verläuft exakt zwischen dem Rhein und einem See.

Auf die Frage, ob sie sich zum Fluss oder eher zum See hingezogen fühlen, antworten die Menschen ganz unterschiedlich.

Diejenigen, die den Fluss vorziehen, haben häufig den Wunsch, dass etwas in Bewegung kommt, sie wollen »in Fluss kommen«, Vergangenes loslassen und Fahrt aufnehmen. Diejenigen, die den See als stehendes Gewässer vorziehen, suchen häufig Klarheit, Ruhe und Besinnung. In der Begegnung mit dem Wasser können wir beides finden: Dynamik und Ruhe.

Schließlich fordert Wasser unser Vertrauen heraus, denn ob es trägt oder nicht, weiß man erst, wenn man sich hineintraut.

Wohin zieht es Dich? Eher an einen Fluss oder an einen See?

Feuer

Eine lodernde Flamme kann ihre Umgebung erhellen. Feuer ist eine kraftvolle und faszinierende Energiequelle. Es erinnert an unsere Lebensenergie und lädt ein, uns zu fragen: Wofür brenne ich? Wo bin ich mit Feuereifer bei der Sache?

Dort, wo ich mich in meinem Element fühle, wo ich meine Fähigkeiten und Talente einbringen kann, da entsteht mehr. Aber ich muss auch aufpassen, dass ich vor lauter Begeisterung nicht ausbrenne.

Eine Erscheinungsform des Feuers, die uns jeden Tag begegnet und die für uns lebenswichtig ist, ist die Sonne. Sie ist Sinnbild für einen täglich möglichen Neuanfang.

Luft

Kürzlich fragte mich die siebenjährige Lina bei einem Schulprojekt, das ich begleitete: »Was ist eigentlich Sinn, Frau Willems?« Ich staunte nicht schlecht über die Frage des kleinen Mädchens, das offensichtlich gut aufgepasst hatte, als ich mich als Logotherapeutin vorstellte. »Nun«, sagte ich, »mit dem Sinn ist es wie mit der Luft, die siehst du auch nicht, aber sie ist immer da. Aber wenn wir keine Luft zum Atmen haben, wird es schlimm.«

Wenn wir uns mit Sinnfragen beschäftigen, öffnen wir bildlich gesprochen ein Fenster und lassen bewusst frische Luft in unser Leben hinein.

Wenn Du Dich intensiver mit dem Element Luft beschäftigen willst, ist die Übung »Das Ausatmen Gottes ist unser Einatmen« (siehe Seite 79) sehr hilfreich.

ÜBUNG: MOMENT OF ELEMENTS

Mit dieser Übung lade ich Dich ein, alle beschriebenen Dimensionen der Elemente zu spüren und ein Gefühl der Ganzheit und Verbundenheit in Dir zu wecken. Wichtig ist dafür ein besonderer Ort und eventuell auch ein bestimmter Zeitpunkt. Die Erfahrung zeigt, dass beides Dich finden wird.

Halte Ausschau nach einem Platz an einem See oder an einem Bach, einer Stelle, an der Du mit beiden Beinen sicher im Wasser stehen kannst. Wenn es möglich ist, stelle Dich so, dass Du der Sonne zugewandt bist. Beginne damit, dass Du Deine Füße behutsam ins Wasser tauchst. Achte genau darauf, wie es Deine Füße umspült. Welche Bewegungen entstehen? Welche Atmosphäre geht von dem Gewässer aus, das Du Dir ausgesucht hast?

Dann konzentriere Dich auf den Boden. Suche Dir einen festen Stand. Wie fühlt sich der Grund unter Deinen Füßen an? Möchtest Du Deinen Stand noch etwas verändern?

Als Nächstes öffne Deine Arme und strecke sie zu den Seiten oder nach oben aus – so wie es für Dich passt. Spreize Deine Finger und fühle die Luft zwischen Deinen Fingern.

Zuletzt schließe Deine Augen und richte Dein Gesicht zur Sonne. Spüre, wie ihre Strahlen Deine Haut wärmen.

Versuche, Dich ganz auf die Situation einzulassen. Nimm Dir Zeit, gehe nicht vorschnell über Deine Gefühle hinweg, sondern nimm sie wahr. Verweile bei ihnen. Dann versuche, Dich mit allen Elementen, die Du spürst, zu verbinden. Du bist ein Teil der Natur!

Bleib so lange an dieser Stelle im Wasser, wie es für Dich passt, und komme dann in aller Ruhe wieder zurück an Land.

Licht und Schatten

Georg hat viel zu früh seine Frau verloren. Auch drei Jahre nach ihrem Tod will sich die Freude am Leben nicht wieder einstellen. Bei unserem ersten Treffen an einem schönen Tag im Frühling steht ein Mann mittleren Alters vor mir. Bereits bei den ersten Versuchen, ein Gespräch aufzunehmen, spüre ich seine Verschlossenheit. Wortkarg und in sich versunken schaut er mich aus traurigen Augen fast flehend an. Nach allen Regeln der therapeutischen Kunst versuche ich – ziemlich erfolglos –, in ein Gespräch einzusteigen. Dann erinnere ich mich an Frankls kluge Aussage: »Wo alle Worte zu wenig sind, dort ist jedes Wort zu viel.«[12]

Kurzerhand frage ich Georg, ob er Lust hat, einen Spaziergang zu machen, und spüre, wie er innerlich aufatmet. Wir gehen an den nahe gelegenen See, der uns sanft und blau empfängt. Die Sonne wärmt uns, es zwitschern die Meisen, und ein paar Möwen gleiten schwerelos über unsere Köpfe hinweg. Wir haben auf unserem Weg den See zur Rechten und schöne, mittelgroße Linden und Weißdornsträucher zur Linken. Alles um uns herum ist in ein zartes Grün gehüllt. Der Frühling hat die Natur in satte Farben getaucht.

Erstaunlich schnell finden wir einen gemeinsamen Gehrhythmus. Das Gehen auf für ihn unbekannten Wegen lenkt Georgs Aufmerksamkeit auf die Bewegung. Ich bitte ihn, sich auf alles zu konzentrieren, was es zu hören gibt. Nach einer Weile richten wir unsere Aufmerksamkeit dann beide auf die unterschiedlichen Farben um uns herum. Weiter geht es mit Gerüchen und wir enden mit allem, was es zu fühlen gibt. Georg streift mit den Fingern durch Gräser und ertastet die Rinde einer großen Eiche. Danach bleibt er mitten auf dem Weg stehen und schaut mich fragend an. Und jetzt?

Ich bitte ihn, sich noch einmal umzuschauen. »Was kommt dir als Erstes in den Sinn?«, frage ich ihn. Wir stehen gerade nahe einer dicht bewachsenen und schattigen Stelle im Wald. »Ja«, sagt Georg etwas gedankenverloren, »ich bin stehen geblieben – im Schatten.« »Einfach stehen geblieben«, wiederholt er nach einer Weile.

»Kannst du weitergehen?«, frage ich ihn.

»Ja, ich glaube schon.«

»Wohin möchtest du gehen? Schau dich einmal um.«

Georg dreht sich um sich selbst und entdeckt einen sonnigen Wegabschnitt vor uns.

Dahin gehen wir nun und ich lade ihn dabei ein, auch sonst in seinem Leben mit bewussten Schritten auf die Sonnenseite zu wechseln und die sorgenvollen Ereignisse zurückzulassen. Und während wir weitergehen, bemerke ich, dass sich Georg aufrichtet. Er ist aus dem Schatten bewusst ins Licht getreten.

Selbst in leidvollen Lebenssituationen kann es gelingen, die Perspektive zu wechseln, sich neu auszurichten und so aus dem Minus ein Plus zu machen. Viktor Frankl war tief überzeugt, dass keine Krankheit, kein Leid und kein Schicksal das Ende der Sinnfindung im Leben bedeuten müssen. Der Sinn liege in der sinnvollen Antwort auf die leidvollen Erfahrungen und Bedingungen.[13] Ich empfinde diese Gedanken gelegentlich durchaus selbst als eine Herausforderung. Sie fordern mich heraus, den schmalen Weg zu suchen, der mich trotz der Schwierigkeiten, in denen ich gerade stecke, handlungsfähig bleiben lässt.

So erging es auch Mareike, die jemanden suchte, mit dem sie über ihre Erkrankung und die anstehende Behandlung sprechen konnte. Nach der Geburt ihres zweiten Kindes war bei ihr eine Autoimmunerkrankung der Schilddrüse diagnostiziert worden, die sie stark beeinträchtigte. Durch die ständige Überfunktion des erkrankten Organs litt sie an starker Nervosität, Stimmungsschwankungen und Herzrasen. Manches Mal kam noch eine Beeinträchtigung des Gehens hinzu, die sie, gerade wenn sie das Baby trug, sehr ängstigte. Sie hatte alle alternativen Behandlungsmethoden ausprobiert, nichts hatte Heilung gebracht. Nun sollte sie sich auf Anraten ihrer Ärztin einer Radio-Jod-Behandlung unterziehen. Danach würde sie sich wegen der hohen Strahlenbelastung noch drei Wochen von ihren Kindern fernhalten müssen. Das war für sie unvorstellbar und sie litt sehr, wenn sie an die bevorstehende Zeit dachte. Es fühlte sich für sie nicht richtig an, denn ihre Kinder, die erst zwei und vier Jahre alt waren, brauchten sie. Auch bei dem Gedanken an ihren Mann geriet sie in Sorge. Wie sollte er seine Arbeit und die Kinderbetreuung bewältigen? Die Vorstellung, ihre Familie zurücklassen zu müssen, hielt Mareike kaum aus.

Für unsere gemeinsame Wanderung hatte ich den Hochwald vorgeschlagen. Große Eichen, Farne und Moose wachsen dort. Eine kleine Wildnis am Niederrhein. Der Wald empfängt uns mit einer herrlichen Ruhe. Alles scheint gedämpft. Ein paar Vogelstimmen sind zu hören, begleitet vom Rauschen der Blätter. Ich fühle mich geborgen in diesem Naturraum.

Um nicht nur ihren Kopf, sondern auch das Herz zu Wort kommen zu lassen, lade ich Mareike zu einer Achtsamkeitsübung ein (Du findest die Übung »Was Dein Herz ausspült« auf Seite 17). Danach setzen wir den gemeinsamen Weg durch das Dickicht fort. Als wir vor einer frischen, jungen Tanne stehen, hält Mareike gedankenverloren inne und sagt schließlich: »So eine kleine Tanne hatten wir beim letzten Weihnachtsfest.« Dabei huscht ein bezauberndes Lächeln über ihr Gesicht. Vermutlich würden die Kinder in den drei Wochen ihrer Abwesenheit ähnlich auf sie warten wie auf das Christkind, meint sie. Wir schmunzeln gemeinsam über den Vergleich. Kurz danach gehen wir weiter, doch Mareike möchte noch einmal zur kleinen Tanne zurück. Dort angekommen, betrachtet sie den Baum von allen Seiten, dabei kommt ihr ein Gedanke: »Ich bastle meinen Kindern einen ›Mama-kommt-bald-wieder-Kalender‹. So kann ich doch irgendwie jeden Tag ein bisschen bei ihnen sein!«

Einige Tage danach schickte mir Mareike ein Bild von ihrem fertigen Werk. Und tatsächlich wurde das tägliche Öffnen der »Türchen« auf dem Kalender während ihrer Abwesenheit zu einem helfenden Ritual für die Daheimgebliebenen.

Mareike hat während unserer Wanderung die Angst vor der Behandlung und die Sorge um die Familie noch einmal zur Sprache gebracht. Gleichzeitig blitzte aber auch ein Freiraum auf. Mit dem Basteln des besonderen Kalenders rückten Angst und Sorge in den Hintergrund. Durch ihr Handeln hat sie Kraft geschöpft.

Wachstum und Wandel

Bei einem Sturm im letzten Jahr wurden mehrere Bäume im Wald entwurzelt. In einem Waldstück, das sich selbst überlassen ist, liegen einige besonders große Exemplare kreuz und quer. Trotz ihres »Entwurzeltseins« sind ihre Größe und Kraft deutlich wahrzunehmen. Einen der Stämme schaue ich mir immer wieder an. Mit jedem Mal, wenn ich an ihm vorbeispaziere, scheint er etwas mehr eingesunken zu sein und die Umgebung den Stamm weiter einzunehmen. Mittlerweile haben sich am Stamm mehrere Pilze angesammelt. Die Äste sind umrankt von Efeu und Farnen. Ganz langsam verwandelt sich der Baum und dient vielen Gewächsen und Waldbewohnern als

Heimat. Bis er wieder in den Waldboden eingeht und so die Grundlage für neue Pflanzen bildet. Im Zeitraffer betrachtet, wäre das sicher ein sehenswertes Schauspiel.

In Japan gibt es eine Methode, zerbrochene Keramik zu reparieren, die sich Kintsugi nennt. Dabei werden Gold- und Silberelemente benutzt, um die Bruchstelle auszufüllen. Der Makel wird also nicht verborgen, sondern durch die besondere Verzierung herausgestellt. Die einst zerbrochene Schale erhält eine vollkommen neue Schönheit und Wertigkeit. Das Konzept, das Kintsugi zugrunde liegt, heißt Wabi Sabi. Frei übersetzt bedeutet es: die Wahrnehmung von Schönheit trotz Alter oder Makel. Welch geniale Betrachtungsweise! Das Zerbrochene, Alte oder Fehlerhafte darf sich wandeln. Eine zerbrochene Teeschale erlangt durch Wabi Sabi eine Einzigartigkeit.

Wie gehen wir mit unseren Lebensumbrüchen um? Mit dem, was wir mühsam aufbauen, und von dem wir dann erleben müssen, dass es irgendwann zerbricht? Mit all den Bruchstellen, die zu unserem Leben gehören? Mit all den vermeintlichen Makeln, die wir prüfend identifizieren? Mit unserem fortschreitenden Alter und den damit verbundenen sichtbaren Zeichen? Wollen wir all das vertuschen? Sind sie uns vielleicht sogar peinlich? Oder fangen wir an, sie als Besonderheiten zu feiern? Oder zumindest, dazu zu stehen?

Indem wir die Perspektive wechseln und die Brüche und Verwerfungen als Teile unseres Lebens betrachten, die dazugehören und Sinn machen, gewinnen wir Gelassenheit. Und wenn wir uns anderen auch von unserer unvollkommenen und verletzlichen Seite zeigen, wirkt das für unser Gegenüber wie eine Einladung, es ebenso zu tun. Es öffnet die Herzen und wahre Begegnung kann stattfinden. Dabei können wir zudem feststellen, dass eine derartige Offenheit auch liebenswert ist.

Zu den kleinen und großen Fehlern unseres Lebens zu stehen, macht uns zu der Person, die wir wirklich sind. Viel Überraschendes und Entzückendes ist in unserem Leben doch erst möglich aufgrund unseres »Soseins«, aufgrund unserer Einzigartigkeit. Vermeintliche Makel gehören dazu.

Der zerbrochene Krug

Es war einmal ein Wasserträger in Indien. Auf seinen Schultern ruhte ein schwerer Holzstab, an dem rechts und links je ein großer Wasserkrug befestigt war.

Nun hatte einer der Krüge einen Sprung. Der andere hingegen war perfekt geformt. Mit ihm konnte der Wasserträger am Ende seines langen Weges vom Fluss zum Haus seines Herrn eine volle Portion Wasser abliefern. In dem kaputten Krug war hingegen immer nur noch etwa die Hälfte des Wassers, wenn er am Haus ankam.

Der unversehrte Krug war natürlich sehr stolz darauf, dass der Wasserträger in ihm immer eine volle Portion transportieren konnte. Der Krug mit dem Sprung hingegen schämte sich, dass er durch seinen Makel nur halb so gut war wie der andere Krug.

Nach zwei Jahren des Schämens hielt der kaputte Krug es nicht mehr aus und sprach zu seinem Träger: »Ich schäme mich so für mich selbst und ich möchte mich bei dir entschuldigen.«

Der Wasserträger schaute den Krug an und fragte: »Aber wofür denn? Wofür schämst du dich?«

»Ich war die ganze Zeit nicht in der Lage, das Wasser zu halten, sodass du durch mich immer nur die Hälfte des Wassers zum Haus deines Herrn bringen konntest. Du hast die volle Anstrengung, bekommst aber nicht den vollen Lohn, weil du immer nur anderthalb statt zwei Krügen Wasser ablieferst«, sprach der Krug.

Dem Wasserträger tat der alte Krug leid und er wollte ihn trösten. So sprach er: »Wenn wir zum Haus meines Herrn gehen, achte auf die wundervollen Wildblumen am Straßenrand.«

Der Krug konnte daraufhin ein wenig lächeln und so machten sie sich auf den Weg. Am Ende des Weges jedoch fühlte sich der Krug wieder ganz elend und entschuldigte sich erneut zerknirscht bei dem Wasserträger.

Der aber erwiderte: »Hast du die Wildblumen am Straßenrand gesehen? Ist dir aufgefallen, dass sie nur auf deiner Seite des Weges wachsen, nicht aber auf der anderen? Ich wusste von Beginn an um deinen Sprung. Und so habe ich einige Wildblumensamen gesammelt und sie auf deiner Seite des Weges verstreut. Jedes Mal, wenn wir zum Haus meines Herrn liefen, hast du sie gewässert. Ich habe jeden Tag einige dieser wundervollen Blumen pflücken können und damit den Tisch meines Herrn dekoriert. Und all diese Schönheit hast du geschaffen.«[14]

Geduld

Eines der wichtigsten Grundprinzipien in der Natur, das eng mit Wachstum verbunden ist, ist Geduld. »Eine Pflanze wächst auch nicht schneller, nur weil du daran ziehst«, sagt mir meine Patentante, die eine passionierte Gärtnerin ist.

Alles hat seine Zeit. Es dauert, bis aus der Wintervegetation die Schneeglöckchen, Winterlinge und Buschwindröschen erwachen. Das Wachstum findet lange im Verborgenen statt. In kleinen, kaum wahrnehmbaren Schritten, die bedeutsam für die Pflanze und oft auch für die umliegenden Gewächse sind. Und dann zeigt sich zaghaft das erste Anzeichen eines neuen, saftig grünen Blattes. Die Geduld wird belohnt. Von Tag zu Tag schreitet die Entwicklung voran. Die Natur gewinnt an Kraft. Sonne und Regen geben das Ihre hinzu.

Welch großartiges Sinnbild für unser Leben. Auch hier braucht es Geduld, die wir allzu oft nicht haben und die uns mit zweifelhaften Zack-zack-Angeboten ausgetrieben wird. Drei-Minuten-Power-Yoga, in fünf Minuten zum Glück, der Kaffee*genuss* to go. Uns wird vorgegaukelt, dass alles erreichbar ist, und das auch noch schnell.

Doch Leben muss die Chance haben, sich zu entfalten, sich zu entwickeln. Jeder noch so kleine Schritt ist wichtig und wertvoll. Manchmal bemerken wir die kleinen Veränderungen auch in unserem eigenen Leben nicht oder schätzen sie als gering. Zwei wichtige Haltungen sind gefragt: Vertrauen und Wertschätzung. Vertrauen, das die Hoffnung nährt, dass das Leben mehr oder wieder aufblühen wird. Und Wertschätzung für die vielen kleinen Schritte, in denen sich manches entwickelt.

Die Natur lebt uns eine nachahmenswerte Fähigkeit vor: dass es Geduld braucht, bis etwas wächst und Schönes entsteht. Mit Geduld gelingt es, etwas so anzunehmen, wie es ist – auch sich selbst. Man gibt sich selbst die Zeit, um sich zu entwickeln und zu wachsen. Auf dem Boden der Geduld entwickeln sich Besonnenheit, Gelassenheit und Dankbarkeit. Warum insbesondere die Dankbarkeit so wichtig ist und wie Du sie mehr in Dein Leben einladen kannst, schauen wir uns jetzt genauer an.

Dankbarkeit macht glücklich

Nicht die Glücklichen sind dankbar, es sind die Dankbaren, die glücklich sind.
Francis Bacon

Dankbarkeit ist ein starkes Gefühl, das unmittelbare Folgen für unser Wohlbefinden hat. Zahlreiche Untersuchungen zeigen, dass dankbare Menschen entspannter, gesünder und vitaler sind. Dankbarkeit wirkt sich auch auf zwischenmenschliche Beziehungen deutlich positiv aus. Wir nehmen Freude, Liebe und Mitgefühl eher wahr. Negative Gefühle wie Neid, Konkurrenzdenken, Angst oder Wut verlieren an Macht.

Das Negative drängt sich von allein auf, dafür müssen wir nichts tun. Wir geben zermürbenden und sorgenvollen Gedanken über all das Unvollkommene, das Nichterledigte und die Schwierigkeiten aller Art in der Regel sehr viel Raum. Wir sind es gewohnt, negativ zu denken! Das liegt an der *negativity bias* unseres Gehirns; dem Umstand, dass wir uns gewohnheitsmäßig von schlechten Erfahrungen mehr beeinflussen lassen als von positiven und uns schlechte Erfahrungen länger im Gedächtnis bleiben. Deshalb gehört eine gute Portion Entschiedenheit dazu, sich davon nicht einwickeln zu lassen, sondern die eigene Aufmerksamkeit ganz bewusst auf das Schöne, Gelungene und Lebensfreundliche zu richten.

Ein erster Schritt ist es, ganz bewusst auf all das zu schauen, wofür wir dankbar sein können; nichts als selbstverständlich anzunehmen und so all den kleinen und großen Dingen mehr Bedeutung und Wertschätzung entgegenzubringen. Der zweite – bedeutende – Schritt ist, die Dankbarkeit zu fühlen, denn erst dann stellen sich Zufriedenheit und Freude ein.

Wenn Du alle Ereignisse, die Dich dankbar machen, regelmäßig niederschreibst, stärkt dies Deine positiven Erinnerungen und Dein Lebensglück. Eine der lohnenswertesten Methoden, die ich praktiziere, ist das Führen eines Dankbarkeitstagebuches. Ich notiere darin täglich, wofür ich an diesem Tag dankbar bin. Dazu gehören der bewusst genossene Kaffee, die Sonnenstrahlen, die mich wärmten, das Lächeln eines Fremden, der unverhoffte Anruf einer Freundin. Alles hat das Potenzial, Dich an Deine lebenswerten Momente zu erinnern, und löst beim Rückblick die gleichen wunderbaren Emotionen aus. Um die Wirkung zu verstärken, kannst Du Dir das am Abend zuvor Geschriebene am nächsten Morgen noch einmal durchlesen. Das gibt Dir positive Energie und Du startest positiv in den neuen Tag. Wer die Dankbarkeit in seinem Leben groß werden lässt, der empfindet gleichzeitig auch weniger negative Gefühle.

Es gibt Emotionen, die nicht miteinander zu vereinbaren sind. Wir können nicht gleichzeitig dankbar sein und uns ärgern oder neidisch sein. So ist Dankbarkeit wie eine Art Wundermittel, das uns zu mehr Glück und innerer Stabilität verhelfen kann. Und so schließt sich der Kreis!

»Für gewöhnlich sieht der Mensch nur das Stoppelfeld der Vergänglichkeit; was er übersieht, sind die vollen Scheunen der

Vergangenheit. Im Vergangensein ist nämlich nichts unwiederbringlich verloren, vielmehr alles unverlierbar geborgen.«[15] Ist das nicht ein schönes Bild, das Viktor Frankl da benutzt? Ein Vorrat voll mit schönen, wertvollen und wichtigen Momenten, die wir im Laufe der Jahre geerntet und eingefahren haben. Und wir selbst sind diejenigen, die im Hier und Jetzt die Scheunen füllen!

Ich lade Dich ein, mit zwei Dankbarkeitsritualen in der Natur die vielen kleinen und großen Möglichkeiten, um dankbar zu sein, zu sammeln:

ÜBUNG 1: SPRECHSTUNDE MIT DIR SELBST

Wähle einen Weg aus, auf dem Du in aller Ruhe eine Zeit lang gehen möchtest. Finde einen gleichmäßigen Gehrhythmus, der zu Dir passt. Atme einige Male tief ein und aus. Nimm die frische Luft wahr.
Nun bitte ich Dich, ein wohlwollendes Gespräch mit Dir selbst zu beginnen.
Sprich Dich bewusst mit Deinem Vornamen selbst an und formuliere dann, wofür Du Dir selbst dankbar bist: »Liebe(r) ..., ich bin dir dankbar für ...«
Wenn Du den Satz ergänzt hast, beginne wieder von vorn.
Es ist vielleicht am Anfang etwas ungewöhnlich, sich selbst zu danken. Aber warum eigentlich? Du bist der wichtigste Mensch in Deinem Leben.

Wertschätze Dich selbst, bedanke Dich bei Dir und respektiere Dich und Deine eigenen Leistungen – es ist die Grundlage für die Liebe zu Dir selbst. Eigenlob stimmt!
Suche Dir danach einen schönen Platz auf Deinem Weg aus, wo Du Dein Selbstgespräch in Dein Buch notieren und somit sichern kannst.

ÜBUNG 2: FÜNF DINGE ZUM GLÜCK

Gehe in die Natur und komm dort ganz bewusst mit allen Sinnen an. Betrachte, was Du um Dich herum siehst. Lass Deine Alltagsgedanken dabei abfließen. Atme tief. Nun halte Ausschau nach fünf kleinen Dingen, die die Natur Dir zur Verfügung stellt und die allesamt in Deine Hosen- oder Jackentasche passen. Es bieten sich dafür kleine Steinchen, Kastanien oder Eicheln an. Wenn Du fünf Dinge gefunden hast, setze Deinen Weg fort und vertiefe Dich in den folgenden Gedanken: Wofür bin ich dankbar? Immer dann, wenn Dir etwas einfällt, wandert etwas von der einen in die andere Tasche. Mach das so lange, bis alle fünf Dinge auf der anderen Seite angekommen sind. Dann suche Dir einen schönen Platz auf Deinem Weg und schreibe Dir all das auf, wofür Du heute dankbar bist. Du kannst diese Übung in Deinen Alltag integrieren und auch anwenden, wenn Du nicht in der Natur unterwegs bist. Du wirst merken: Dankbarkeit hat große Kraft und ist ein sicherer Weg zu mehr Lebensfreude, Sinn und Glück.

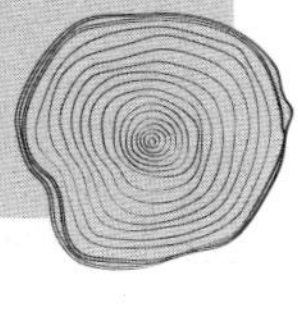

Wohin führt
Dein Weg?

Unterwegs mit einem Ziel

Marcel, der mit mir einige Etappen wanderte, um die Beziehung zu seinen Eltern zu klären, sagte bei unserer dritten Wanderung verblüfft: »Das Wandern mit dir ist ein bisschen wie pilgern, nur dass ich den heiligen Ort in mir drin suche.« Ich freute mich über diesen treffenden Vergleich. Ja, es ist jedes Mal auch für mich ein bisschen wie pilgern.

Wer pilgert, ist unterwegs zu einem Ort, den man auf der Landkarte finden kann, einem heiligen Ort im Außen. Auch diejenigen, die sich nicht als gläubig verstehen, trifft man auf Pilgerwegen. Erstaunlich, oder? Häufig sind es Menschen, die sich auf dem Weg selbst wieder näherkommen möchten. Manche suchen nach innerer Ruhe, andere nach Klarheit; viele wollen herausfinden, was wirklich wichtig ist in ihrem Leben. Sie sind unterwegs zu einem äußeren Ziel und gleichzeitig suchen sie etwas in ihrem Inneren. »Den heiligen Ort in mir drin«, wie Marcel es formulierte. Viele, die eine längere Strecke auf einem Pilgerweg zurückgelegt haben, berichten, dass sie im Unterwegssein bei sich selbst angekommen sind. Sie erzählen von einem Gefühl der Freiheit und Ursprünglichkeit.

Du bist in Deiner Kraft, wenn sich Lebenswege stimmig anfühlen und Du ein Ziel vor Augen hast, ein »Wofür«. Schwierigkeiten lassen sich leichter bewältigen, Hindernisse und »Schlaglöcher« überwinden und Durststrecken besser überstehen. Ein starkes Wofür lässt Dich vorangehen und trägt Dich, auch wenn es mal schwierig wird. Kennst Du Dein Wofür?

Ich möchte Dir noch von Raffael erzählen. Er hatte sein Wofür gefunden, aber es war ihm nicht bewusst, dass er damit auch seine Ängste überwinden kann.

Ich lernte Raffael während eines Workshops kennen. Ein Mann in den 40ern, der immer noch jugendlich wirkte und gerade dabei war, sich beruflich zu verändern. Deshalb hatte er sich zu dieser Veranstaltung angemeldet. Anschließend vereinbarten wir einen Spaziergang, um seine Themen zu vertiefen. Weil es die Tage davor viel geregnet hatte, empfing uns der Wald mit einem erdig-würzigen Duft. Der Weg gab bei jedem unserer Schritte etwas nach, als würden wir über Moos gehen, und die Wiese an der wir vorbeiliefen, leuchtete in frischem Grün.

Raffael wirkte in dieser Umgebung irgendwie fremd. Zwar hatte er für unseren Spaziergang extra festes Schuhwerk angezogen, aber er trug dazu Hemd und Krawatte.

Raffael schilderte mir, wie er seinen beruflichen Weg, seine Karriere, über lange Zeit bis ins kleinste Detail geplant hatte – und das mit Erfolg. Jetzt war er Fachbereichsleiter in einer großen Steuerkanzlei. Als Führungskraft musste er sowohl vor Mitarbeitern als auch vor Kunden sprechen. Es war ihm wichtig, alles unter Kontrolle zu haben. Nur eines entzog sich ihm immer mehr: Zunehmend häufiger begann er in solchen Situationen sichtbar zu schwitzen und seine Hände und seine Stimme zitterten. Obwohl er genau wusste, was er sagen wollte, rang er nach Worten und verlor seine sonst vorhandene Souveränität. Diese Situation belastete ihn so sehr, dass er über einen Stellenwechsel nachdachte.

Ich ließ mir beim gemeinsamen Gehen schildern, aus welchen Beweggründen Raffael seine heutige Tätigkeit überhaupt angestrebt hatte. Er beschrieb sich als Mensch, der die Welt der Zahlen und Fakten liebt und sich in besonderer Weise darin auskennt. Seine Expertise sei bei Kollegen und in verschiedenen Gremien, in denen er mitarbeitete, anerkannt. Selbst schwierige Sachverhalte könne er gut erklären und verstehbar machen. In den kleinen Teams, in denen er früher einmal tätig war, hatte es ihm Freude bereitet, Projekte zu übernehmen. Dabei hatte er aus seiner Sicht auch Führungskompetenz gezeigt. Immer wieder hatte er junge Nachwuchskräfte durch seine Begeisterung motiviert und inspiriert – so hatten sie es ihm gespiegelt. All das hatte ihn darin bestärkt, dass er gerne eine verantwortlichere Tätigkeit im Unternehmen antreten würde.

Raffael erzählte mir auch von seiner kleinen Familie, mit der er vor einiger Zeit in der Nachbarstadt ein Häuschen bezogen hatte, und von seinem vierjährigen Sohn. Er sei ein besonderer Junge, sagte er mit sanfter Stimme. Bei diesen Worten stoppte er und lehnte sich an den Stamm einer dicken Eiche, die am Rand des Weges stand. Als er weitersprach, stand mit einem Mal ein veränderter Raffael vor mir: »Unser Sohn macht uns so viel Freude mit seinem liebevollen Wesen. Aber er hat Trisomie 21, wird zwar durch diverse Therapien in seinem Alltag unterstützt, vieles jedoch bleibt für ihn schwierig – geradezu unerreichbar. Wir möchten ihm so gerne eine Delfintherapie ermöglichen, da wir gehört haben, dass die intensive Begegnung mit diesen Tieren den Gesamtzustand bei Kindern mit Downsyndrom nachhaltig positiv beeinflussen kann. Die Kosten für eine derartige Therapie sind jedoch extrem hoch und werden leider nicht von der Krankenkasse bezahlt. Alles, was ich durch meine neue Tätigkeit mehr verdiene, legen wir deshalb zur Seite, um uns eines Tages diesen großen Wunsch erfüllen zu können. Allein schon deshalb fühle ich mich schlecht, wenn ich daran denke, den gut bezahlten Job aufzugeben.«

Immer noch berührte Raffael, während er zu mir sprach, gedankenverloren die furchige Rinde des Baumriesen. Schon häufig habe ich erlebt, dass selbst Menschen, die lange nicht im Wald waren, schnell wieder einen unmittelbaren Zugang zur Natur finden.

Ich hatte Raffael lange Zeit schweigend zugehört, nun gingen wir weiter, tiefer in das Waldstück hinein. Über uns ein grünes Blätterdach, durch das die Sonnenstrahlen fielen und alles in ein besonderes Licht tauchten.

Als wir an eine Stelle kamen, an der sich der Weg gabelte, sagte Raffael: »Das entspricht meiner momentanen Lebenssituation, ich weiß einfach nicht, welchen Weg ich jetzt gehen soll.«

Beide Wege sahen ähnlich einladend aus. Wir blieben stehen. Am Wegesrand wuchsen Farne, dahinter die für diesen Waldabschnitt typischen hohen Eichen- und Ahornbäume, an denen sich Efeu emporrankte. Ich bat Raffael, die beiden Alternativen, vor denen er stand, zu beschreiben. Zum linken Weg sagte er: »Ich weiche meiner Angst aus und gehe zurück an meinen früheren Arbeitsplatz oder wechsele die Firma. Die Herausforderung, mich in meiner momentanen Rolle als Führungskraft weiter abzumühen, ist mir zu groß.« Und zum rechten Weg sagte er: »All dem, was mich gerade fordert, will ich mich stellen und meine Angst, es nicht zu schaffen, überwinden.«

Oft hilft es, sich in einer derartigen Entscheidungssituation mit den unterschiedlichen Wegen noch einmal auf eine ganz andere Weise auseinanderzusetzen. Wir gingen deshalb miteinander zunächst ein Stück auf dem linken Weg. Ganz in sich versunken setzte Raffael Schritt für Schritt und versuchte, den Gedanken nachzuspüren, wie es wohl wäre, diesen Weg zu wählen. Wie es ihm mit der Entscheidung dafür voraussichtlich ergehen würde. Auf was er sich einlassen müsste, was es ihn kosten könnte.

Nach einigen Metern drehten wir um und folgten dann zusammen dem anderen Weg. Wieder zurück an der Gabelung, stellten wir uns so auf, dass wir beide Wege im Blick hatten. Ich stand ein kleines Stück hinter Raffael und fragte ihn: »Was wartet am Ende dieser beiden Entscheidungswege auf dich?« Er musste im einen Fall nicht lange überlegen. »Auf der einen Seite geht es um mein gefühltes Versagen, aber auch um Schuldgefühle – gegenüber den Kollegen und meiner Familie.« Nachdem er eine Weile innegehalten hatte, sagte er sichtlich gerührt: »Und auf der anderen Seite wartet mein Sohn.« Da war er, der Sinnaspekt, der immer Aufforderungscharakter hat und zur richtigen Entscheidung führt.

Wir setzten uns wieder in Bewegung, gingen den rechten Weg gemeinsam und sprachen über eine der für Raffael so unangenehmen Situationen, in der er Angst bekam, wenn er vor einer größeren Gruppe reden sollte. Er führte sich auf meine Bitte hin alles noch einmal ganz genau vor Augen. Wie er nach vorne trat und alle wussten, dass er gleich etwas sagen würde. Dass er vor Aufregung einen trockenen Mund bekam, dann ins Schwitzen geriet, die Hände zu zittern begannen. In dem Moment, als die von ihm geschilderte Angst am größten war, bat ich ihn, seine Aufmerksamkeit weg von sich und auf seinen Sohn zu lenken, der am Ende des Weges wartete. Das war, rückblickend betrachtet, ein Schlüsselmoment. Denn Raffael richtete sich sichtlich auf und sagte: »Die Angst ist noch da, aber ich gehe trotzdem voran.« Er hatte in seiner analytischen Art zu denken schnell erfasst, dass er die Kraft dazu hatte, durch seine Angst hindurchzugehen, denn er wusste, wofür.

Das Bild von seinem Sohn, der am Ende des Weges wartete und dem er eine Delfintherapie ermöglichen wollte, war das Sinnmotiv, das Raffael half, seine Angst zu überwinden.

Sich zu überwinden, bedeutet, mutig einen Schritt voranzugehen – trotz aller Ängste.

Als Anker für schwierige Situationen vereinbarten wir, dass Raffael bei seinem nächsten Vortrag ein Symbol mitnehmen sollte, das ihn daran erinnerte, dass es etwas Wichtigeres gibt als seine Angst. Einige Wochen später schickte mir Raffael ein Foto des Symbols, das zu seinem Begleiter geworden war: Es stellte einen Delfin dar.

Wegweiser zum Sinn

Einmal war ich mit einer kleinen Gruppe in einem Gelände unterwegs, das mir nicht vertraut war. Die Zeit war intensiv mit Gesprächen, Übungen und Waldmeditationen gefüllt. Wir achteten kaum auf den Weg, den wir gingen. Und so passierte es: Wir hatten die Orientierung verloren und uns verlaufen. Auf einmal glich jeder Weg, den wir in Augenschein nahmen, ob es der richtige sein könnte, der uns zurück zum Ausgangspunkt führt, dem anderen. Nichts wirkte vertraut. Ich machte mir leise Vorwürfe, dass ich unterwegs nicht besser aufgepasst hatte. Die Wanderkarte, die ich morgens vorsorglich noch bereitgelegt hatte, hatte ich letztlich dann doch zu Hause vergessen. Und unsere Mobiltelefone hatten allesamt keinen Empfang. Meine Mitwandernden reagierten unterschiedlich. Manche blieben ruhig und entspannt, während ich bei anderen Angst und den leisen Vorwurf spürte, dass ich mich als Gruppenleiterin doch besser auskennen und die Gruppe zurück auf den richtigen Weg führen müsste. Meine leisen Selbstvorwürfe wurden währenddessen zu einem lauten Orchester. Bis heute bin ich Frank dankbar, der plötzlich schmunzelnd feststellte: »Ein schönes Plätzchen, um sich zu verirren!« Wir mussten lachen und stiegen damit aus unseren Selbstvorwürfen und Sorgen aus.

Gemeinsam entschieden wir, welchen Weg wir weitergehen wollten. Gespannt suchten wir nach Wegmarkierungen an Bäumen und wurden nach einiger Zeit endlich fündig. Erleichtert entdeckten wir an einer Gabelung einen Wegweiser, der uns auf einem größeren Forstweg zurück zu unserem Ausgangspunkt führte.

Jeder Wanderer kennt diese Wegweiser, die je nach Region und Land in unterschiedlichen Farben die Wanderwege säumen. Sie geben Sicherheit, dass man noch auf dem richtigen Weg unterwegs ist, und informieren über Entfernungen und manchmal auch über den Schwierigkeitsgrad der Wegstrecke.

Wie schön wäre es, wenn es solche Wegweiser auch fürs Leben geben würde! Lebenswegweiser, die uns auf die vor uns liegende Wegstrecke vorbereiten. Die uns sagen, wie viel Zeit wir ungefähr benötigen, um eine Durststrecke zu überwinden und ein Etappenziel zu erreichen. Und auch welche Anstrengungen wir dabei meistern müssen.

So etwas gibt es nicht. Und vielleicht ist das auch ein Glück, denn wenn alles plan- und vorhersehbar wäre, wäre es auch ziemlich öde. Aber es gibt durchaus Wegweiser, die uns das eine oder andere aufzeigen. Menschen, die einem einen guten Rat geben, der hilft, sich zu entscheiden oder eine andere Richtung einzuschlagen als zunächst gedacht. Biblische Geschichten berichten von Engeln, die Menschen in den Weg treten, um sie vor Unheil zu bewahren; von tröstenden Gottesboten, die eine gute Botschaft zu überbringen haben. Von Türen und Herzen, die sich öffnen, weil jemand für uns eintritt. Und ja, es gibt auch heute noch Engel. Oft sind es andere Menschen, die uns zu guten Lebensbegleitern werden. Partnerinnen, Freunde, Bekannte, Kolleginnen und Kollegen – sie werden für uns zu hilfreichen Weggefährten auf der Lebenswanderung. Sie helfen uns auf, wenn wir traurig sind, sie bedenken Entscheidungen mit, die gerade anstehen. Und sie erzählen, was ihnen selbst geholfen hat, als sie in ähnlichen Situationen steckten. So werden sie zu Wegweisern für uns.

Aber die wesentlichen Fragen müssen wir uns selbst erarbeiten – und sie beantworten: Wonach will ich mein Leben ausrichten? Welchen Sinn will ich ihm geben?

Unser Leben bietet uns unendliche Möglichkeiten und Entscheidungsspielräume. Doch nicht alles ist sinnvoll, nur weil es möglich ist. Wir dürfen auswählen, was für uns wirklich wichtig ist. Viktor Frankl nennt drei Möglichkeiten, Sinn zu verwirklichen, und bezeichnet sie als die drei »Hauptstraßen zum Sinn«:

Etwas erschaffen

Wir erleben Sinn in dem, was wir erschaffen – durch unsere Kraft, Fantasie, Fähigkeiten, Talente und Leistung; indem wir individuell schöpferisch tätig werden und damit in die Welt hineinwirken. Das kann eine Idee oder ein Konzept sein, das wir entwickeln, eine nützliche Erfindung, ein geschickt konstruiertes und gebautes Gartenhaus. Oder auch ein liebevoll gebackener Kuchen, den wir mit anderen teilen. Alles, was wir der Welt und ihren Bewohner*innen schenken, erfüllt uns mit Freude und beschenkt wiederum uns ganz persönlich mit Sinn.

Etwas erleben

Das Zusammensein mit anderen, Freundschaft, Partnerschaft, Familienleben – das ist so wichtig, damit wir unser Leben als glücklich empfinden. Alles, was wir erleben und genießen: Kunst, Kultur, Musik, Sport und Spiel. Auch das Hobby, das wir lieben und das uns Freude bereitet; ebenso wie das genüssliche Ausruhen und Nichtstun.

Wichtig ist, dass wir uns dessen bewusst werden und dieses Erleben wertschätzen. In der Natur unterwegs zu sein, ist für diejenigen Kraftquelle und Ausgleich, die sich der Schönheit der Umgebung hingeben und sich von ihr inspirieren lassen. Für jene, die missmutig vor sich hinstapfen, hat dieses Erlebnis keine Bedeutung. Immer wieder geht es bei allem darum, dass wir das, was wir tun, als erfüllend und sinnstiftend empfinden. Das ist der Weg ins Glück.

Sich zu etwas einstellen

Egal, wie übel es auch kommt – wir können uns daran erinnern, dass wir in der Lage sind, zu jeder Herausforderung und auch zu einem unabänderlichen Schicksal eine bestimmte Haltung einzunehmen. Selbst wenn wir nichts anderes tun können, so können wir immer noch unsere Einstellung zu der schwierigen Situation verändern. Sich zu sagen: Ja, es ist schrecklich, dass ich einen Unfall hatte – aber ich habe ihn überlebt und es hätte schlimmer kommen können. Ich muss Geduld haben, ich bin nicht sicher, ob alles wieder so werden wird wie vorher. Dennoch bleiben viele Möglichkeiten. Der Mensch ist in der Lage, das Bestmögliche aus einer leidvollen Situation zu machen. Und ja: Vielleicht kann ich das *Was* nicht ändern, aber jederzeit habe ich die Wahl und die Möglichkeit, das *Wie* im Umgang mit den Herausforderungen zu ändern – kraft meiner Einstellung. Ich wähle, welche Haltung ich einnehme: Geduld üben; trotzdem versuchen, positiv zu bleiben; auf etwas verzichten; Gewohntes loslassen; konsequent ein Ziel verfolgen; Rücksicht auf die Einschränkungen nehmen … Nicht zu verzweifeln, sondern den schmalen Korridor zu finden, der weg von der Verzweiflung führt, ist die höchste Form der Sinnfindung.

Hab Geduld gegen alles Ungelöste
in Deinem Herzen und versuche,
die Fragen selbst lieb zu haben
wie verschlossene Stuben und wie Bücher,
die in einer sehr fremden Sprache geschrieben sind.

Forsche jetzt nicht nach Antworten,
die Dir nicht gegeben werden können,
weil Du sie nicht leben kannst,
und es handelt sich darum,
alles zu leben.

Lebe jetzt die Fragen.
Vielleicht lebst Du dann allmählich,
ohne es zu merken,
eines fernen Tages
in die Antworten hinein.

Rainer Maria Rilke

Dem Sinn entgegenleben

Der Weg zum Sinn führt über die eigenen Werte, über die eigenen Talente, Begabungen und Interessen. Sinn wird bestimmt von der Einzigartigkeit der Person und von der Einmaligkeit der jeweiligen Lebenssituation. Genau dort, in der Schnittmenge, liegt der konkrete, nur von dieser einen Person zu erfüllende Sinn.

Dem Sinn auf der Spur

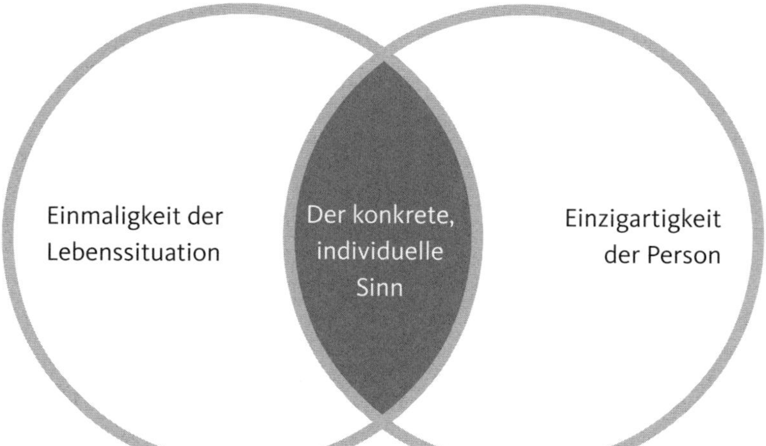

Die nächste Übung widmet sich Deinen individuellen Gaben, Talenten und Werten.

ÜBUNG: DEIN LEBENSKREIS (TEIL II)

Mit dem zweiten Teil der Lebenskreisübung, die Du bereits im ersten Kapitel kennengelernt hast, kannst Du Deine Lebensbereiche mit Deinen Talenten und Werten verknüpfen. So gewinnst Du Klarheit über das, was Dich antreibt. Diese Übung ist sehr kraftvoll. Sie macht Dir einerseits bewusst, was Du momentan lebst, aber auch das Ungelebte und Ersehnte kommen hoffentlich zum Vorschein. Themen, denen Du Dich liebevoll zuwenden kannst.
Deine spezifischen Werte, die Du zu leben versuchst, geben Dir in Zusammenhang mit Deinen Talenten Orientierung auf der Suche nach Sinn und Glück. Wenn Du Dir Deine Werte bewusst machst, erkennst Du mehr und mehr Dich selbst in Deiner Einzigartigkeit. Und wenn Du spürst, dass es Dir gelingt, die Werte auch im Alltag umzusetzen, ist dies unglaublich erfüllend. Du merkst, dass Du in Deiner Kraft bist. Werterfüllung ist Sinnerfüllung.

Suche Dir wieder einen geeigneten Platz in der Natur, an dem Du einen Kreis legen oder in den Sand zeichnen kannst, so wie bereits auf Seite 29 beschrieben.
Überlege Dir, wie viel Zeit und damit wie viel Energie momentan in den jeweiligen Lebensbereich fließt. Dementsprechend größer oder kleiner sind Deine Kuchenstücke, die Du in den Sand zeichnest oder durch ein Seil oder Steine als Abtrennung sichtbar machst.

Wenn Du fertig bist, stelle Dich außerhalb Deines Lebensrades hin und schau es Dir an:

- Wie fühlst Du Dich beim Betrachten? Was fällt Dir auf? Was überrascht Dich?
- In welchen Bereichen bist Du rundum zufrieden? Wie ist es dazu gekommen?
- In welchen Bereichen bist Du unzufrieden? Und warum?
- Gibt es Lebensbereiche, die momentan zu kurz kommen? Wenn ja, warum?
- Wie möchtest Du das ändern? Und wie könnten die ersten Schritte dazu aussehen?

Stelle Dir jetzt in einem weiteren gedanklichen Schritt eine wohlwollende Freundin oder einen guten Freund vor. Schau mit ihm oder ihr auf Dein Lebensrad. Was würde sie oder er dazu sagen?

Was würde Dir von Deiner Freundin oder Deinem Freund wohl geraten: Welche Talente, Gaben und Fähigkeiten solltest Du dazu einsetzen, der Befriedigung Deiner Sehnsucht nach einem erfüllten Leben ein Stück weit näher zu kommen? Und wo verbergen sich Probleme oder Fallen?

Schreibe alles, was Dir in den Sinn kommt, auf.

Dann kannst Du noch einen Schritt weitergehen. Frage sie oder ihn als Nächstes, welche Werte Du aus seiner oder ihrer Sicht in den verschiedenen Lebensbereichen lebst. Notiere auch diese Gedanken.

Jetzt ist es Zeit für ein Fazit:

- Wofür bist Du dankbar?
- Möchtest Du an Deinem Lebensrad – auch mit Blick auf den Rat, den Dir Deine Freundin oder Dein Freund geben würden – etwas verändern?
- Welchen Gedanken möchtest Du in den nächsten Tagen vertiefen?

Sei sanft mit Dir und schenke Dir danach etwas Ruhe. Zum Abschluss kannst Du wieder ein Foto für Dein Tagebuch machen oder Deinen Lebenskreis darin aufzeichnen.
Diese Übung lässt sich auch mit einer vertrauten Person gemeinsam durchführen. Es kann sehr verbindend sein, sich über diese Themen auszutauschen.

Sinnvolle Entscheidungen treffen

Entscheidungen, die wir in der Vergangenheit getroffen haben, haben dazu geführt, dass wir an der Stelle stehen, wo wir heute sind. Von hier aus können wir entscheiden, welchen Weg wir in der Zukunft einschlagen wollen, und vor allem, wie – mit welcher Haltung wir unseren Weg weitergehen.

Wozu ruft mich meine Lebenssituation auf? Was will von mir noch gelebt werden? Wer möchte ich werden? Die oben beschriebene Übung kann helfen, Klarheit zu gewinnen. Aber es ist natürlich eine Illusion zu glauben, dass wir alles, was kommen soll, planen und somit beeinflussen können. Allein dadurch, dass andere Menschen ebenfalls aktiv sind und Pläne haben, manche Situationen sich zufällig ergeben, wir auf die Gegebenheiten oder eine von einem Moment auf den anderen veränderte Lage reagieren müssen. Je nachdem, welche Entscheidungen wir treffen und wie wir uns verhalten, entwickelt sich alles weiter. Und wie gesagt: Wir haben es nur begrenzt in unserer Hand. Das müssen wir schlicht akzeptieren. Wie gut wir uns auch beherrschen, wie entschlossen wir auch handeln – am Ende kommt es manchmal anders als gedacht, geplant, angestrebt und erhofft. Kontrolle abzugeben, fällt schwer.

Eine wesentliche Voraussetzung guter Entscheidungen ist es, auf das Leben zu vertrauen – und auch darauf, dass ich nicht alles selbst steuern muss, damit es gut wird. Aber es braucht natürlich auch Selbstvertrauen. Vielleicht beginnst Du direkt damit, es zu stärken. Denn es ist das beste Gegenmittel gegen Kontrolle! Erinnere Dich an Deine Stärken, an das, was Du schon alles auf Deinem Weg an Schwierigkeiten bewältigt hast. Und an Menschen, die Dir dabei geholfen haben – weil sie Dich mögen. Etwas mehr Vertrauen in Dich, in Deine Mitmenschen und in das Leben – das ist die Basis für eine gute Entwicklung.

Vertrauen zu schenken, ist eine Vorleistung. Auch Dir selbst gegenüber. Verhältst Du Dich so, als wärst Du bereits mit einer großen Portion Selbstvertrauen ausgestattet, ist es einfacher, Dich genau dahin zu entwickeln. Du lebst Dich sozusagen ins Vertrauen hinein. Dieser Vertrauensvorschuss ist eine wesentliche Grundlage, um sinnvolle, freie Entscheidungen treffen zu können. Dazu kommt noch ein weiteres Geheimnis guter Entscheidungen: die Fähigkeit, den Verstand mit den Emotionen zu verbinden und dies auch körperlich wahrzunehmen. Treffen wir Entscheidungen ausschließlich mit dem Kopf, vernachlässigen wir vielleicht Gefühle, die uns wichtige Hinweise geben könnten. Machen wir es genau andersherum und treffen unsere Entscheidungen ausschließlich mit dem Herzen, werfen wir vielleicht jegliche Vernunft über Bord. Das Beste ist, wenn Kopf und Herz Hand in Hand Entscheidungen treffen. Das geht, wie schon mehrfach beschrieben, ganz wunderbar mithilfe der Natur. Und indem wir in Bewegung kommen. Hast Du Dich für einen Weg entschieden, verstärkst Du Deine Entscheidung durch einen Naturanker. Das rundet Deinen Entscheidungsprozess ab.

Noch eine Entscheidung: Handeln und Denken

In jeder Minute und Stunde um Stunde haben wir die Möglichkeit, über unser Handeln und Denken zu entscheiden. Moment? Gilt das auch für unser Denken? Ja, klar!

Hätte ich das früher in dieser Deutlichkeit gewusst, wäre mir und meinen Mitmenschen einiges erspart geblieben. Zu oft war die Stimme meines inneren Kritikers so laut, dass ich den sanften und hoffnungsvollen Aufruf der Gegenseite überhörte. Ich merkte nicht, dass ich im Gefängnis meiner eigenen destruktiven Vorstellungen saß.

Unsere Gedanken sind eine mächtige Instanz. Sie beeinflussen unsere Gefühle, unsere Entscheidungen und somit auch unser Handeln. Die Redewendung »sich Gedanken machen« führt uns vor Augen, dass wir selbst es sind, die die Gedanken in eine Endlosschleife schicken, und sie dann in unserem Kopf kreisen. Viel zu lange dachte ich, dass meine Gedanken nun mal so sind, wie sie sind, und ich keinen Einfluss darauf habe. Doch wir können ganz bewusst entscheiden, wie wir mit ihnen umgehen wollen.

Ich musste lernen, wachsam zu sein und zu prüfen, was sich in meinem Kopf abspielte. Der innere Sprecher, der negative Botschaften im Gepäck führte, hatte viele Jahre ein Eigenleben geführt und sich mieser Werkzeuge wie Zweifel, Angst und Sorgen bedient.

Als ich lernte, Verantwortung für meine Gedanken zu übernehmen, und entschied, besser mit ihnen umzugehen, gelang es, immer mehr negative Gedanken in positive zu verwandeln. Das machte mich glücklich und führte mich auf den Weg zum Sinn meines Daseins. Damit meine ich nicht das Vorgehen, wie es beim positiven Denken propagiert wird, das allzu häufig einfach alles Negative ausblendet. Was ich meine, sind die Auseinandersetzung mit dem Belastenden und Negativen in unserem Leben und das Wissen darum, dass unser Leben unter allen Umständen Sinn hat.

So wie ein Weg Schritt für Schritt beim Gehen entsteht, wird ein Leben durch die vielen kleinen und großen sinnvollen Entscheidungen mit Sinn durchzogen. Ähnlich wie bei einer Wanderung, bei der viele Abzweigungen und Weggabelungen eine Entscheidung von uns fordern und wir damit unsere Wegstrecke beeinflussen können. Und ja, es ist entscheidend zu wissen, wofür wir unterwegs sind. Wir sollten die Lebensreise, die voller Möglichkeiten steckt, genießen! Wir bekommen sie geschenkt, um das Beste aus uns heraus zu leben.

Was gibst Du?

Bei einer »Waldauszeit« mit einer Gruppe bat ich die Teilnehmenden, alles aufzulisten, wodurch sie sich bei ihrem Aufenthalt im Wald beschenkt fühlten. Gute Luft, Erholung, Erkenntnis, Pflanzen, Früchte, Schatten, Ruhe, Genuss, Atmosphäre, Entspannung, Zuversicht, neuer Mut und noch vieles mehr trugen sie als Begriffe zusammen. Das alles hatten sie in den nur zwei Stunden im Wald erfahren!

Und das Ökosystem Wald beschenkt uns in noch viel größeren Dimensionen: Wir nutzen das Holz der Bäume, um Möbel und Häuser zu bauen, und der Sauerstoff, den die Bäume durch die Fotosynthese produzieren, ist für uns überlebenswichtig. Wir dürfen von Mutter Natur empfangen, aber im Gegenzug ist es unsere Aufgabe, sie zu hegen, zu pflegen und uns für sie einzusetzen. Doch wir Menschen haben leider allzu lange vergessen, einen Ausgleich zu schaffen zu all dem, was wir uns nehmen. Mehr denn je spüren wir seit einiger Zeit, wie die Erde deswegen aus dem Gleichgewicht gerät.

Viele Naturvölker leben nach weisen Grundsätzen, die zuallererst das Wohl von Mutter Erde berücksichtigen. Sie nehmen beispielsweise nur so viel, wie sie wirklich zum Leben brauchen. Von ihnen können wir lernen. Wenn wir verstehen, dass auch wir ein Teil eines großen Miteinanders sind, dass vieles in der Natur aufeinander beruht, kommen wir in ein gesünderes Gleichgewicht.

Denkt man diese Gedanken konsequent zu Ende, kommen wir unweigerlich dahin, uns zu fragen: Was ist mein eigener Beitrag hier auf dieser Erde? Was ist meine Bestimmung? Was kann ich der Welt geben?

Deine Lebensaufgabe

Nach welchen Kriterien hast Du Deinen heutigen Beruf ausgewählt? Ich weiß noch genau, dass es bei mir vor allem darum ging, möglichst viel Geld zu verdienen und die besten Karrierechancen zu haben. Freude und meine Begabungen spielten da eher eine untergeordnete Rolle. Das hatte zur Folge, dass mein »eigentliches Leben« in der Freizeit und am Wochenende stattfand.

So eindeutig gegen die eigene Berufung zu leben, macht uns auf Dauer nicht glücklich – und manchmal sogar krank. Mein Körper war mir ein verlässlicher Partner und hat mir das Stoppschild gezeigt. Er hat mich gezwungen, genauer hinzuschauen und nach meiner Lebensaufgabe zu suchen. Dafür bin ich ihm sehr dankbar.

Diese Lebensaufgabe muss nicht zwingend zu einem entsprechenden Beruf führen. Dem inneren Ruf zu folgen und die eigene Berufung zu leben, ist überall möglich und bringt uns manchmal an bislang unbekannte Orte.

Wir können mit unseren Gaben und Begabungen vieles bewirken. Doch wir haben sie nicht nur für uns bekommen. Vor uns liegt die Aufgabe, zu der wir geradezu verpflichtet sind durch unsere Be*gab*ung – durch unsere Einzigartigkeit. Mit dem Blick über uns hinaus können wir uns fragen: »Was haben andere davon, dass ich auf der Welt bin?«

Nach Viktor E. Frankl hat jeder von uns nicht nur einen besonderen Platz im Leben, den er mit seinem »Da-sein« nur selbst einnehmen kann, sondern auch *eine besondere Aufgabe,* die er mit seinem »So-sein« nur selbst erfüllen kann. Damit ist sowohl der Sinn im Jetzt, also im jeweiligen Augenblick, gemeint wie auch die große Lebensaufgabe, die es zu entdecken und anzunehmen gilt.

In allen Situationen, die Dir begegnen, kannst Du die für Dich sinnvollste Antwort finden und auch anderen Menschen geben. Und das sowohl im Kleinen und Alltäglichen als auch im Großen. Dann füllt sich Dein Leben »bis an den Rand« mit Sinn. Nur Du bist in der Lage, die Antwort zu geben, nämlich ganz nach Deiner Art. Nur Du verfügst über diesen individuellen Mix an Fähigkeiten, Erfahrungen und persönlichen Besonderheiten, die Dich zu dem Menschen gemacht haben, der Du jetzt bist! Und nur Du bist gerade in jener Lebenssituation, die Dich zum sinnvollen Handeln herausfordert.

Deine Einmaligkeit tatsächlich bewusst wahrzunehmen, kann Dich stärken und ermutigen. Es gibt Kraft, die Dir zugedachten Lebensaufgaben zu bewältigen. Und als Nebeneffekt bekommst Du eine Extraportion Resilienz und Stressresistenz.

Fünf Fragen helfen Dir, die jeweils sinnvollste Möglichkeit herauszufinden:[16]

1. Was ist das Problem? Wo ist meine Entscheidung gefragt?
   Versuche dies möglichst genau zu beschreiben.
2. Wo ist mein Freiraum?
   Wichtig ist, sich bewusst zu machen, dass es immer einen Freiraum gibt, um zu handeln! Immer!
3. Welche Wahlmöglichkeiten habe ich?
   Schreibe auf, was Dir an Gedanken kommt. Eine Fantasieübung ohne Wertung, aber voller Überraschungen! Alle nur erdenklichen Möglichkeiten sollten dabei von Dir notiert werden.
4. Welche Möglichkeit davon ist die sinnvollste?
   Manchmal ist es eine Art Detektivarbeit herauszufinden, welche die sinnvollste Möglichkeit ist. Aber es lohnt sich!
5. Will ich diese eine Möglichkeit nun verwirklichen?
   Warte damit nicht zu lange, nutze Deine Zeit.

Ich bin einmal einem Herzchirurgen begegnet, der mehr als 25 Jahre sehr erfolgreich, aber innerlich voller Fragen in einer Klinik arbeitete, bevor er das Skalpell gegen das Steuer eines Lkw tauschte. Schon immer fuhr er leidenschaftlich gern Lastwagen. Er war sehr gern unterwegs, kannte sich in der Welt gut aus und war in der Lage, große Gefährte sicher zum Ziel zu lenken. Wenn er, wie er es liebevoll formulierte, auf dem »Bock« saß, fühlte er sich frei und glücklich. Mit 57 Jahren erfüllte er sich seinen Lebenstraum.

Offener Himmel

Isabelle, die gerade in jeder Menge Problemen steckte, wollte wieder die »Gummistiefel-Isa« sein. Das erinnerte sie an glückliche Ferienzeiten in ihrer Kindheit, die sie auf dem Bauernhof ihrer Oma verbracht hatte. Dort fühlte sie sich geliebt, geborgen und vollkommen. Da war die Liebe zu den Menschen und den Tieren, die auf dem Hof lebten, ebenso wie die Dankbarkeit, die sich durch Blumen und Kerzen auf dem kleinen Hausaltar ausdrückte.

An einem schönen Juninachmittag brachen wir zu einer gemeinsamen Wanderung auf. Wir kannten uns schon recht gut, waren in den letzten Wochen bereits einige Male zusammen unterwegs gewesen.

Es war angenehm warm und wir hatten einen leichten Wind im Rücken. Die ersten Schritte legten wir schweigend zurück. Isabelle war an diesem Tag besonders traurig und der ganze Schmerz über ihre Situation kam heraus. Wir sprachen über ihre Sehnsucht nach Natürlichkeit und Halt im Leben. Große Ahornbäume bildeten über uns ein Blätterdach und spendeten wohltuenden Schatten. Dann öffnete sich der Wald und gab den Blick auf einen See und den inzwischen etwas wolkigen Himmel frei. Auf der Oberfläche des Sees spiegelten sich die Bäume, die Farne und die Weißdornsträucher, die am Ufer standen. In Hunderten von einzelnen Strahlen fiel das Sonnenlicht durch die Wolkendecke – es war ein Bild von überwältigender Schönheit. Isabelle blieb wie angewurzelt stehen und betrachtete das Himmelskunstwerk. Ihre Augen füllten sich mit Tränen, während sie sagte: »Das ist so schön, das kann kein Mensch machen.« Und sie erzählte mir, dass sie – obwohl sie schon seit Kindertagen nicht mehr gebetet hatte – in der stillen Phase unseres gemeinsamen Gehens einen leisen Hilferuf an Gott formuliert hatte. Es sei ihr zunächst völlig fremd, ja absurd vorgekommen – aber in ihrer Not hatte sie nach diesem Rettungsring gegriffen. »Wenn es dich wirklich gibt«, hatte sie inständig gebetet, »dann zeig es mir in aller Deutlichkeit.« Doch da sei nichts weiter gewesen als das Rauschen des Windes in den großen alten Tannen. Sie habe eine ungeheure Spannung gefühlt, die sich aber plötzlich in dem Gefühl auflöste, dass sie ja gar nicht alleine dastand. Und genau in dem Moment, in dem sich ihre ganze Verzweiflung zu lösen begann, hatte sich völlig überraschend der Wald geöffnet und den Blick auf das ungeheure Naturschauspiel freigegeben. Himmel und Erde vereint in der Spiegelfläche des in sich ruhenden Sees.

Obwohl ich schon oft an diesem Platz gestanden hatte, war es auch für mich ein unvergessliches Ereignis. Ich wurde noch einmal neu gewahr, wie sehr das unmittelbare Erleben der Natur uns wieder zu uns selbst zurückführt, zum Kern gelingenden Lebens: dem Ur-Vertrauen, wie wir es als Kinder hatten, dass wir beschützt und behütet sind und uns nichts verletzen kann im Leben.

Für Isabelle hatte dieses Naturschauspiel eine nachhaltige Bedeutung. Im Nachhinein beschrieb sie es als Wendepunkt ihrer Krankheitsgeschichte und kommentierte ihr Erleben mit den Worten: »Es weitete sich der Horizont – auch für mich. Ich merkte: Es gibt etwas Größeres, Mächtigeres als dein Problem. Und dieses Größere, Mächtigere ist bei dir und in dir und wird dich leiten, behüten und schützen. Du darfst glauben.«

Isabelles Selbst-Vertrauen wuchs und damit auch die Kraft, sich nicht vom Urteil anderer Menschen abhängig zu machen. Sie hatte neuen Mut geschöpft, ihren eigenen Weg und ihre Aufgabe in der Welt zu finden.

Aus Einzelteilen wird ein Ganzes

Auch ich erkannte lange nicht, wie die Puzzleteile meines Lebens ein Bild ergeben und wie meine Erfahrungen zusammenpassen sollten. Es gab so viele Teile, die auf den ersten Blick kein passendes Gegenstück und keine Verbindung zu den anderen hatten.

- Puzzleteil Nr. 1: Ich war schon immer gerne in der Natur unterwegs und genoss das Leben auf dem Land. Reiste ich in die Berge, empfand ich ihre Größe und Erhabenheit sehr intensiv. Alle meine bedeutenden spirituellen Erfahrungen machte ich in der Natur.
- Puzzleteil Nr. 2: Als Bankerin lernte ich, finanzielle Zusammenhänge zu verstehen, Konzepte zu entwickeln und professionell Gespräche zu führen. Auch das Reden vor vielen Menschen konnte ich in dieser Zeit schulen, sodass es mir heute keine Mühe macht.
- Puzzleteil Nr. 3: Die Selbstentfremdung und die Entfernung

von Gott hatten für mich gesundheitliche Folgen. Die damit verbundenen Lebenskrisen ließen mich das Leben von seiner herausfordernden Seite kennenlernen.

- Puzzleteil Nr. 4: Die Zeit meiner Neuorientierung war mit Ängsten, Unsicherheiten und Sorgen verbunden. Aber sie zeigte mir auch meine Kämpfernatur und wie mutig ich eigentlich bin.
- Puzzleteil Nr. 5: Mit der Hinwendung zurück zu Gott fing ein neues Lebenskapitel an.
- Puzzleteil Nr. 6: Diese Lebensetappe führte nach Wien, wo ich die Logotherapie und Existenzanalyse erlernte.
- Puzzleteil Nr. 7: Ich bekam unsere Kinder und lernte, sie zu begleiten und zu verstehen.
- Puzzleteil Nr. 8: Die weiteren Ausbildungen im Bereich der Naturtherapie und der Wertimaginativen Persönlichkeitsentwicklung führten mich immer tiefer in die Zusammenhänge menschlichen Handelns ein.

Wenn ich heute rückblickend auf alle Puzzleteile schaue, wird mir bewusst, dass jedes einzelne für mein heutiges Tun wichtig ist; dass ich durch jede Phase etwas lernte, was mir bei meiner Lebensaufgabe hilft. Alles macht Sinn! Und ich fühle mich gesegnet, dass ich so vielfältige und abwechslungsreiche Stationen in meinem Leben erleben durfte, die – und das habe ich erst kürzlich verstanden – mich alle auf mein heutiges Tun vorbereiteten. Und wer weiß, was da noch auf mich wartet.

Eine orientalische Weisheitsgeschichte, die Jean Ringenwald nacherzählt, möchte ich mit Dir zu diesem Thema teilen:

Die Vision der Ganzheit

Ein Mann suchte jahrelang nach dem Geheimnis des Lebens und konnte es lange nicht finden. Aber eines Tages erfuhr er, dass ein tiefer Ziehbrunnen ihm die Antworten auf seine Fragen, die er sich so eifrig stellte, geben könnte. Sein Wunsch und seine Sehnsucht nach diesen Antworten waren so stark, dass er sich gleich auf den Weg machte, um diesen weisen tiefen Brunnen zu finden. Nach einer Weile stieß unser Mann auf den begehrten Brunnen. Sogleich stellte er die Frage, die ihn am meisten beschäftigte: »Was ist denn meine Lebensaufgabe?« Aus der Tiefe hörte er die Antwort: »Geh zur Straßenkreuzung im Dorf. Dort wirst du finden, was du suchst.«

Voller Hoffnung gehorchte der Mann und ging in das Dorf. Doch an der angegebenen Stelle fand er nur drei Läden: Im einen wurden Metalldrähte verkauft, in einem anderen Holz und im dritten Metallstücke. Nichts und niemand in dieser Gegend schien auch nur im Geringsten etwas mit der Enthüllung des Geheimnisses des Lebens zu tun zu haben.

Enttäuscht kehrte der Mann zum Brunnen zurück und verlangte eine Erklärung. Doch der Brunnen antwortete nur: »Eines Tages wirst du verstehen.«

Der Mann protestierte mit lautem Geschrei, doch alles, was er als Antwort hörte, war sein eigenes Echo. Empört über den Betrug, dem er glaubte zum Opfer gefallen zu sein, setzte der Mann seine Wanderungen fort.

Im Laufe der Zeit verblasste seine Erinnerung an das Erlebnis mit dem Brunnen, bis er eines Nachts im Traum eine faszinierende Musik hörte, während er im Mondschein dahinging.

Es war eine wunderschöne Musik, meisterhaft und voll Inspiration gespielt.

Der Mann spürte die Faszination dieser Musik und ging zu dem Spielenden hin: Er beobachtete das flinke Spiel der Hände und sah sich das Musikinstrument genauer an. Schließlich jubelte er voll Freude, denn er erkannte plötzlich: Dieses Musikinstrument bestand ja aus den Metalldrähten, den Metall- und Holzstücken, die er vor langer Zeit in den drei Läden gesehen und deren besonderen Wert er damals noch nicht erkannt hatte.

Nun verstand er die Weisung des Brunnens: Alle Teile sind bereits in uns selbst enthalten, aber sie kommen nicht zur Entfaltung, solange wir sie nur als Fragmente wahrnehmen. Erst wenn die einzelnen Teile zu einer Ganzheit zusammengefügt und angewandt werden, entsteht eine neue Wirklichkeit, die nicht erkennbar ist, solange nur die einzelnen Teile gesehen werden.

In großer Freude und Dankbarkeit machte er sich gleich ans Werk und baute die allererste Sitar, die in seiner Vision so wunderschön klang. Er lernte die Sitar spielen und entzückte viele Menschen mit seiner Musik.

Und man sagte sogar, dass seine Musik himmlisch klang und dass sie bei manch einem Menschen eine Vision auslöste, die diesem die Antwort auf seine Fragen brachte.

Der Sitarspieler selbst fand durch seine erfüllende Lebensaufgabe immer mehr die Antworten zu seiner größten Frage nach dem Geheimnis des Lebens.[17]

Du machst den Unterschied

Während eines Retreats in den Südtiroler Bergen lernte ich Jason kennen. Obwohl er bereits seit 20 Jahren in Deutschland lebte, hörte man noch deutlich seine Muttersprache heraus, denn er spickte seine deutschen Sätze mit allerlei englischen Wörtern. Nach einer geführten Meditation in der Natur berichteten alle Teilnehmenden reihum von ihren Erfahrungen. Die anderen sollten sich jeweils den für sie bedeutendsten Satz aus der jeweiligen Erzählung merken.

Aus Jasons Bericht beeindruckte mich zutiefst sein Satz: »I am a present.« Als wir anschließend über unsere wichtigsten Sätze ins Gespräch kamen, lachte er aus vollem Herzen und meinte: »Du hast so recht, Alexa, das stimmt natürlich auch. I've never seen it like that!«

Ich verstand nicht. Dann erklärte er mir, dass er nicht davon sprach, dass er ein Geschenk sei, sondern sein Satz lautete »I am present«, was bedeutet: Ich bin gegenwärtig. Ich stimmte in sein Lachen ein. Was ein einziger Buchstabe, so ein kleines »a«, doch ausmachen kann!

Auch wir haben mit dem, was wir tun und – vor allem – wie wir es tun, die Möglichkeit, einen großen Unterschied zu machen. Indem wir mit offenen Augen durchs Leben gehen. Unseren Mitmenschen freundlich begegnen, wohlwollend und zugewandt. Unguten Entwicklungen nicht tatenlos zusehen, sondern uns einbringen und Veränderungen gestalten. Indem wir anpacken, wo wir gebraucht werden.

Vielleicht wirst Du einwenden, dass Dein Beitrag angesichts der großen und bedrohlichen Herausforderungen unserer Zeit aus Deiner Sicht viel zu gering ausfällt und Deine Möglichkeiten begrenzt sind. Ich kenne diese Gedanken gut. Aber wenn mir im Blick auf die Situation in der Welt wieder einmal das Herz in die Hose rutscht, denke ich an einen Spruch, den ich einmal an einer Berliner Häuserwand gesehen habe: Wenn du dein Land ändern willst, musst du erst dein Dorf ändern. Wenn du dein Dorf ändern willst, musst du erst mal deine Familie ändern. Wenn du deine Familie ändern willst, musst du erst einmal dich selbst ändern.

Mit anderen Worten: Wir müssen und dürfen bei uns selbst anfangen, sollten dort jedoch nicht Halt machen. Denn irgendwann hat alle Innenschau ein Ende. Dann kommt die Frage auf uns zu, was wir bewirken, wofür wir uns einsetzen, welche Spuren wir hinterlassen wollen.

Es ist dem Menschen eingeboren, dass er bestrebt ist, sich für andere oder für eine gute Sache einzusetzen. Deshalb ist das Zitat des Aristoteles von weit vor unserer Zeit immer noch so aktuell: »Wo deine Begabung die Not dieser Welt kreuzt, da liegt deine Berufung.«

Damit gibt uns der griechische Philosoph einen wunderbaren Wegweiser, wo wir uns mit unseren Begabungen, unseren Fähigkeiten und Talenten einsetzen können: genau dort, wo die Welt uns braucht. Dort, wo wir uns angesprochen fühlen, wenn uns etwas betrifft oder auch betroffen macht.

Vom Warum zum Wozu

Als ich kürzlich mit Franziska unterwegs war und sie bat, die gekennzeichneten Wege zu verlassen und abseits durch das Dickicht zu gehen, antwortete sie: »Herausforderungen heißen bestimmt so, weil sie uns herausfordern!« Ich fand es eine gute und weise Beschreibung. Wenn wir uns herausgefordert fühlen, ist es immens wichtig, *wie* wir mit dieser zu bewältigenden Aufgabe umgehen, welche Antwort wir auf diese Schwierigkeit geben.

Anstatt bei Schwierigkeiten oder Schicksalsschlägen zu fragen, warum ausgerechnet mir das passiert (also zurückzuschauen), kann ich in die Zukunft gewandt fragen: Wozu ruft mich das auf?

Was ist meine Antwort auf die Herausforderung des Lebens? Ich stelle dann nicht mehr das Leben infrage, sondern ich fühle mich vom Leben befragt. Und durch meine Antwort verantworte ich mein Leben.

Das Leben aus dieser Perspektive zu betrachten, ist eine wahre Kehrtwende. Die Logotherapie sagt auch »kopernikanische Wende« dazu.

Mit der Wendung vom Warum hin zu »Wozu ruft mich das auf?« bin ich diejenige, die auf die vielen Anfragen, die mich täglich erreichen, Antwort geben kann. Ich habe es in der Hand. Ich gestalte!

Wenn wir ganz und gar gegenwärtig sind, wenn wir dem, was wir tun, ungeteilte Aufmerksamkeit schenken, können wir für andere zum Segen werden. Nimm die Geschenke an, die Du auf Deinem Lebensweg bekommen hast und weiterhin erhältst, packe sie aus. Nutze Deine Talente, bringe Dich ein. Verschenke Dich selbst und gestalte so die Welt. Du machst den Unterschied.

ÜBUNG: DER WALD WEIST DIR DEN WEG

Mache Dich auf in den Wald. Atme bei Deinen ersten Schritten ruhig ein und aus. Spüre Deine Füße und rolle Deine Fußsohlen sanft und bewusst ab. Gehe langsam und schweigend und beruhige Deinen Geist. Nimm wahr, wie die Waldatmosphäre heute auf Dich wirkt. Nimm Dir Zeit, richtig anzukommen.
Dann wende Dich dem Thema zu, das Dich heute in den Wald geführt hat:
Was ist die Frage, die das Leben derzeit an mich stellt? Wo fühle ich mich gefragt?
Lass Dir Zeit mit Deiner Antwort. Gehe langsam und bewusst voran auf Deinem Weg.
Im nächsten Schritt geht es darum, nach Möglichkeiten zu suchen, mit dieser Herausforderung umzugehen. *Welche Möglichkeiten habe ich?*
Sammle für jede Möglichkeit, die Du siehst, einen symbolischen Stellvertreter aus der Natur.
Suche Dir dann einen Platz in der Natur, vielleicht einen Baumstamm, eine kleine Erhebung am Wegesrand oder etwas Ähnliches, wo Du die Dinge, die Du gesammelt hast, aufbauen kannst. Betrachte sie eingehend. Welcher davon zieht Dich in besonderer Weise an, was löst die Betrachtung in Dir aus? Nimm alles wahr. Dann stelle Dir die Frage: *Was ist das Sinnvollste, was ist das Bestmögliche, das ich tun kann?*
Wenn Du eine Antwort gefunden hast, kannst Du den Naturgegenstand mitnehmen und als Erinnerungshilfe für die Umsetzung nutzen.

Am Ende des Weges: das Ganze sehen

Kennst Du die »Rose von Jericho«, diese Wüstenpflanze, die selbst unter extrem heißen Bedingungen gedeiht? Schon bei den mittelalterlichen Pilgern war sie ein beliebtes Souvenir aus dem Heiligen Land. Über viele Generationen hinweg wurde die außergewöhnliche Pflanze weitergegeben – und mit ihr die Erinnerungen an die Pilgerreise. Auch heute noch bringen wir gerne Souvenirs mit, um etwas von den fernen Orten, die wir bereisen, in unseren Alltag zu retten. Sie erinnern uns an Erlebtes, Fremdes und Neuentdecktes. Sie können Geschichten erzählen.

Auch meine Mitwander*innen haben oft den Wunsch, ein Naturgeschenk mit nach Hause zu nehmen. Einen Ast mit drei kleinen Tannenzapfen, einen besonderen Stein oder ein Stück furchige Rinde. Etwas aus dem Wald, was während der Wanderung eine besondere Bedeutung bekommen hat, weil es zu einer Erkenntnis oder einer Erfahrung beigetragen hat.

»Die Erinnerungsstücke aus dem Wald sind meine täglichen Begleiter«, sagen viele im Nachhinein. Diese Schätze aus der Natur sind für sie bedeutungsvolle Stellvertreter geworden, die an den zurückgelegten Weg und die erlaufene Erkenntnis erinnern.

Unter den Waldbewohnern sind Eichhörnchen wahre Meister darin, Schätze einzusammeln und aufzubewahren. Wenn wir aufmerksam und leise im Wald unterwegs sind, können wir beobachten, wie sie gekonnt von Baum zu Baum hüpfen und den Boden nach Fichten- und Kiefernzapfen, Bucheckern, Beeren,

Pilzen, Knospen und Trieben frischer Zweige absuchen, um dann voll bepackt zu ihren Verstecken zu eilen. Ein Eichhörnchen hat unglaublich viele Verstecke, die es mit seinen Schätzen bestückt. Ich habe gelesen, dass es bis zu 10 000 verschiedene Orte sein sollen!

Weil sie keinen Winterschlaf halten, ist es für sie überlebenswichtig, Vorsorge zu treffen und Vorräte für die kargen Monate anzulegen. Deshalb vergraben die Tiere Nüsse, Samen und anderes im Boden oder verstecken ihre Schätze in Spalten von Baumstämmen.

In der Logotherapie gibt es das sogenannte Scheunengleichnis. Es besagt, dass alles, was in die Scheune des Lebens einmal eingebracht worden ist, unverlierbar geborgen ist. Es ist Wirklichkeit geworden.

Wenn Du auf Deine Erfahrungen und Erkenntnisse bei Deinen Wanderungen draußen zurückschaust: Was willst Du in Deiner Vorratskammer aufbewahren, sodass Du immer wieder darauf zurückgreifen kannst? Was hast Du für Dich herausgefunden? Welche Erkenntnisse wurden Dir geschenkt?

Wenn Du »Deine Ernte einfährst« und alles zusammen betrachtest, entsteht ein individuelles und einzigartiges Bild. Es ist Dein ganz individueller Weg zum Sinn in Deinem Leben.

- Wo stehst Du?
- Was trägst Du?
- Was gibt Dir Halt?
- Wann ruhst Du?
- Worauf schaust Du?
- Wohin führt Dein Weg?
- Was gibst Du?

Schreibe dann Deine Erkenntnisse zu den einzelnen Fragen auf.

Lass Dir Zeit, um dieses Gesamtbild für Dich zusammenzustellen. Es ist das ureigene Bild Deines Lebens. Mit all Deinen Erfahrungen und all dem, was Du neu in Dein Leben einladen möchtest, entsteht ein klares Bild, das Dich zum Sinn in Deinem Leben führt.

Besonders intensiv wird dieser Rückblick, wenn Du ihn draußen machst. Gehe dazu an Deinen Kraftort oder an einen anderen schönen Ort in der Natur.

Komme ganz dort an, vielleicht mit einem kleinen Ritual. Da es fast ein bisschen festlich ist, bietet sich beispielsweise das Ubuntu-Ritual (siehe Seite 19) an.

Symbole sind wichtig

Alles, was wir anfassen, fühlen und riechen können, löst in unserem emotionalen Zentrum intensivere Gefühle aus als die reine Erinnerung auf Verstandesebene. Deshalb ist es auch gut, sich einen Naturgegenstand als Symbol für eine gewünschte Veränderung zu wählen. Beim Betrachten und Berühren spielt sich in unserem Gehirn eine neurophysiologische Kettenreaktion ab: Die Erfahrungen und Emotionen, die mit der erinnerten Situation und dem Gegenstand verknüpft sind, werden wieder abgerufen. Und so verankern sie sich immer tiefer im Gedächtnis und bahnen im Gehirn eine neue Spur, die mit jedem Mal, wenn wir die Erinnerung abrufen, ein wenig breiter wird.

Sie sind Deine Schätze, die Du in die Vorratskammer legst, erinnern Dich an all das, was Du erkannt, erlebt und bewältigt hast. Symbole und innere Bilder können Dich durch karge und schwere Zeiten tragen und helfen, diese gut zu überstehen.

Natursymbole erinnern Dich daran, dass Du ein Teil der Natur bist – auch im alltäglichen Trubel, in dem wir manches leicht vergessen.

Es tut uns gut, wenn wir immer wieder bewusst in Beziehung mit der Natur treten und uns als Teil von ihr wahrnehmen. Dann können wir wieder unsere Urkraft spüren. Es wächst die Liebe zu all den Dingen, die draußen auf uns warten. Und das, was wir lieben, schützen und bewahren wir.

Mit meiner Arbeit möchte ich einen Beitrag dazu leisten, dass sich Menschen ihrer Verbundenheit mit der Natur wieder bewusst werden. Sie ist unsere Lebensgrundlage – und ein Raum für Begegnung und Verwandlung, in dem wir uns selbst begegnen können.

Der Wald weist Dir den Weg!

Zum Schluss möchte ich mit Dir die wichtigsten Erkenntnisse teilen, die meine Mitwander*innen und ich im Wald gewonnen haben. Das ist sozusagen meine ganz persönliche ›Ernte‹:

1. Geh in deinem Tempo. Das Leben ist kein Wettrennen.
2. Es kommt nicht auf die Schnelligkeit, sondern auf die Intensität an.
3. Alles braucht seine Zeit, um zu wachsen.
4. Die Natur ist ein Ort, der uns beruhigen kann.
5. Es gibt kein Gewächs, das einem anderen vollkommen gleicht.
6. Jedes Gewächs und jeder Mensch sind einzigartig.
7. In der Natur treffen wir uns selbst, sie ist ein guter Ort für unsere eigene Natürlichkeit.
8. So wie du dich der Natur öffnest, so öffnet sie sich Dir.

9. Im Wald bekommt man oft die besten Ideen fürs Leben!
10. Das Gehen ist nicht nur eine Bewegungsmöglichkeit, sondern ein Schlüssel. Im Unterwegs-Sein bekommst Du auch gezeigt, wie es Dir eigentlich geht. Wandern verbessert die Stimmung, das innere Durcheinander klärt sich.
11. Unser Leben ist zu kurz, um etwas Wichtiges auf irgendwann zu vertagen.
12. Frage Dich: Welche Spuren möchte ich hinterlassen?
13. Nimm Dir nicht zu viel auf einmal vor, plane Etappenziele ein, die Du erreichen kannst. Denn jedes Mal, wenn Du eine Etappe hinter Dir hast, wird sich ein kleines Glücksgefühl einstellen.
14. Packe von Zeit zu Zeit Deinen Lebensrucksack aus – auch das Geheimfach – und finde jemanden, mit dem Du darüber reden kannst.
15. Entwicklungen und Gedanken, die nicht hilfreich sind, solltest Du noch einmal aus einer anderen Perspektive betrachten. Überlege: Was wollen sie Dir sagen?
16. Es ist wichtig, sich auf seine Wurzeln zu besinnen und sich grundsätzlich nach oben auszurichten.

Worauf wartest Du noch? Auf geht's – rein in die Natur – raus aus dem Alltag! Freu Dich auf spannende Erfahrungen und Stunden voller Erkenntnis und Wachstum. Ich bin mir sicher: Der Wald weist dir den Weg.

Dank

In meinem Tagebuch aus dem Jahr 1992 steht, dass ich in meinem Leben gerne ein Buch schreiben möchte. Ich hatte damals eine wunderbar romantische Vorstellung vom Schreiben, sah mich in einer Hütte in den Bergen sitzen – fernab vom Alltag – und alles zu Papier bringen, was in meinem Kopf und Herzen rumschwirrt. Irgendwann steige ich entspannt ins Tal hinab und das Werk ist vollbracht und fertig zum Druck! Diese Vorstellung vom Schreiben hielt sich über Jahrzehnte – bis es zu diesem Buchprojekt kam. Es ist wahrlich ein riesiges Projekt, ein Buch zu schreiben, das lange beginnt, bevor das Ergebnis dann tatsächlich in den Regalen und in den Händen der Leser*innen liegt.

Dieses Buch ist nicht – wie in meinen romantischen Vorstellungen – fernab meines Alltags oben in den Bergen entstanden, sondern mitten in und aus meinem Leben. Viele Texte kamen mir unterwegs im Wald in den Sinn, andere entstanden am Küchentisch mitten im Familientrubel. Ich habe die Zeiten genutzt, wenn ich irgendwo draußen in der Natur eine persönliche Auszeit genommen habe, und die Gedanken in meinem Tagebuch notiert, um sie später mit meinen Leser*innen zu teilen. Viele Menschen haben mich auf meinem Weg zum fertigen Buch unterstützt, begleitet, inspiriert und mir auch Mut zugesprochen, wenn es mal schwierig war.

Der Mensch macht immer den Unterschied. Und so gibt es für mich viele Wow-Momente, die auch noch rückblickend mein Herz erwärmen. Allen voran Stefan Linde, der die Idee zu diesem Buch hatte und mich motivierte und professionell an dieses für mich neue und ungewohnte Terrain heranführte. Stefan Wiesner vom bene! Verlag, der mit seinem *Ja* zu diesem

Buch den Stein ins Rollen brachte. Gudrun Webel, ebenfalls vom Verlag, die mit ihren Fotos einen wertvollen Beitrag leistete und mir auch sonst mit Rat und Tat zur Seite stand.

Herzlichen Dank an meine wunderbare Lektorin Andrea Langenbacher, die mit Herz, Verstand und Professionalität dieses Buch begleitete und für alles die richtigen Worte findet.

Ich danke auch Jasmin Kura, der mein erster Anruf galt, nachdem ich zu dieser neuen Herausforderung *Ja* gesagt hatte. Sie war es, die mich ermutigte und mich bestärkte. Petra Verhülsdonk, meine weltbeste »Assistentin«, die mit Überzeugung für meine Arbeit brennt und die gar nicht weiß, wie viel mir das bedeutet. Martina Gabriel, die mich nicht nur mit ihrer Kunst, sondern auch als Mensch inspiriert. Meiner Kollegin und Freundin Romana Leser für die kollegialen Fallbesprechungen und gemeinsamen Auszeiten während des Schreibens in den Bergen und am Meer.

Carla und Markus van Wesel und Barbara und Jörg Bremenkamp sage ich Danke für die tolle Unterstützung bei der Fotosession. Ihr seid zu Freunden geworden. Auch ein Dank an Liane Maas, die mit professionellem Auge ausdrucksstarke Fotos einfing.

Danke an alle meine Klient*innen und Mitwander*innen, die mich in ihre Lebenswelten haben blicken lassen, für das mir entgegengebrachte Vertrauen.

Mein Dank geht auch an meine Familie. Allen voran an meine Kinder Matilda und Jos, die mir immer wieder zeigen, was es heißt, im Hier und Jetzt zu leben. Und natürlich an meinen Mann Joachim, mein Fels in der Brandung des Lebens.

Und dann richte ich noch die Augen nach oben, verneige mich zutiefst vor den ganzen Zufällen in meinem Leben, die doch wie ein wunderbares Netz wirken, das von wissender Hand gewebt wurde.

Anmerkungen

1 Handschriftliche Ankündigung von Vorträgen Viktor Frankls im Lager Theresienstadt (1942–1944), Rückseite, Originaldokument im Viktor-Frankl-Museum, Wien; mit freundlicher Genehmigung des Viktor-Frankl-Zentrums, Wien
2 Viktor E. Frankl, Elisabeth Lukas (Hg.), *Mensch sein heißt Sinn finden, 100 Worte von Viktor E. Frankl,* © Verlag Neue Stadt, München 2017
3 Viktor E. Frankl: *Ärztliche Seelsorge. Grundlagen der Logotherapie und Existenzanalyse.* Überarbeitete und erweiterte Auflage. © Deuticke im Paul Zsolnay Verlag Wien 2005
4 Geschichte von Dr. Rolf Merkle, © PAL-Verlag, München; https://www.palverlag.de/weisheit-negatives-denken.html
5 Lutherbibel, revidiert 2017, © Deutsche Bibelgesellschaft, Stuttgart 2016
6 Uwe Böschemeyer, *Gottesleuchten. Begegnungen mit dem unbewussten Gott in unserer Seele,* Kösel Verlag, München 2007
7 Einheitsübersetzung der Heiligen Schrift, vollständig durchgesehene und überarbeitete Ausgabe, © Katholische Bibelanstalt GmbH, Stuttgart 2016
8 Viktor E. Frankl: *Ärztliche Seelsorge. Grundlagen der Logotherapie und Existenzanalyse.* Überarbeitete und erweiterte Auflage. © Deuticke im Paul Zsolnay Verlag Wien 2005
9 Aus: Anthony de Mello, *Gib Deiner Seele Zeit* © 2015, Verlag Herder GmbH, Freiburg im Breisgau, ISBN 978-3451065316
10 Aus: Dieter Berg, Leonhard Lehmann (Hg.), *Franziskus-Quellen* © 2009, Edition Coelde in der Butzon & Bercker GmbH, Kevelaer, S. 40 f.
11 Viktor E. Frankl, *Das Leiden am sinnlosen Leben: Psychotherapie für heute,* © Verlag Herder GmbH, Freiburg im Breisgau 1977, 2021, S. 28
12 Viktor E. Frankl, *Der leidende Mensch. Anthropologische Grundlagen der Psychotherapie,* 4. unveränderte Auflage, © Hogrefe Verlag, Bern 2018

13 Vgl. Viktor Frankl: *Logotherapie und Existenzanalyse. Zentrale Begriffe und Konzepte,* Dr. Sibylle Meyer, Berlin 2021, S. 10
14 Quelle unbekannt
15 Viktor E. Frankl: *Ärztliche Seelsorge. Grundlagen der Logotherapie und Existenzanalyse.* Überarbeitete und erweiterte Auflage. © Deuticke im Paul Zsolnay Verlag Wien 2005)
16 Angelehnt an eine Intervention von Elisabeth Lukas
17 Jean Ringenwald, *Die Vision der Ganzheit,* © Verlag Märchenhaft leben, Vlotho 2018. Weitere Texte von Jean Ringenwald: *Wahres Glück findest Du in Dir! Mit Lehr-Geschichten, Meditativen Texten und Übungen,* ISBN 978-3-927154-23-0

Bildnachweis

Abbildungen im Innenteil:
stock.adobe.com: S. 12 Nitr; 36 encierro; 61 Falko Göthel; 68 mimage-photos; 73 D. Jakli; 88 U. J. Alexander; 123 venars.original; 127 Iuliia Pilipeichenko; 146 Piotr Krzeslak; 7, 12, 13, 17, 18, 26, 29, 30, 35, 53, 60, 61, 67, 74, 78, 79, 80, 83, 92, 94, 104, 113, 114, 115, 129, 133, 142, 144, 145, 153, 157, 159, 160, 161, 162, 179 miobuono;
Liane Maas: S. 32, 62, 81, 98, 113, 153, 166, 180;
Gudrun Webel: S. 6, 14, 102, 118, 162, 190

Alexa Willems, Jahrgang 1970, tauchte zu Beginn ihrer beruflichen Laufbahn in die Bankenwelt ein, erreichte dort innerhalb weniger Jahre die Führungsetage und wurde Teil von Entscheidungsgremien. Eine schwere Erkrankung brachte sie in Berührung mit der Logotherapie von Viktor E. Frankl, dessen sinnzentrierter psychotherapeutischer Ansatz sie faszinierte. Ihr Studium der Logotherapie und Existenzanalyse absolvierte sie in Tübingen, Innsbruck und Wien, dort u. a. am renommierten *Viktor-Frankl-Zentrum*. Seit 2012 ist sie als Diplom-Logotherapeutin selbstständig und begleitet Menschen in den Bereichen Prävention, Coaching und (Natur-) Therapie. Alexa Willems arbeitet und lebt mit ihrer Familie in Xanten am Niederrhein.

Hier gibt es weitere Impulse für Dich und ich freue mich, wenn wir in Kontakt bleiben:
www.facebook.com/wunderbareinfach/
www.instagram.com/einfach__wunderbar
www.linkedin.com/in/alexa-willems-385553228/
www.alexa-willems.de

Wenn Du den nebenstehenden QR-Code scannst, gelangst Du zu einer Natur-Meditation, die ich für Dich vorbereitet habe. Ich wünsche Dir eine wunderbare Erfahrung damit!

Der Verlag weist ausdrücklich darauf hin, dass im Text enthaltene externe Links vom Verlag nur bis zum Zeitpunkt der Buchveröffentlichung eingesehen werden konnten. Auf spätere Veränderungen hat der Verlag keinerlei Einfluss. Eine Haftung des Verlags ist daher ausgeschlossen.

Besuchen Sie uns im Internet:
www.bene-verlag.de

Aus Verantwortung für die Umwelt hat sich die Verlagsgruppe Droemer Knaur zu einer nachhaltigen Buchproduktion verpflichtet. Der bewusste Umgang mit unseren Ressourcen, der Schutz unseres Klimas und der Natur gehören zu unseren obersten Unternehmenszielen. Gemeinsam mit unseren Partnern und Lieferanten setzen wir uns für eine klimaneutrale Buchproduktion ein, die den Erwerb von Klimazertifikaten zur Kompensation des CO_2-Ausstoßes einschließt.
Weitere Informationen finden Sie unter: www.klimaneutralerverlag.de

FSC www.fsc.org MIX Papier | Fördert gute Waldnutzung FSC® C083411

Originalausgabe März 2023

Ein Imprint der Verlagsgruppe
Droemer Knaur GmbH & Co. KG, München.

Vermittelt durch die Agentur Stefan Linde
Konzept und Textgestaltung: Andrea Langenbacher
Lektorat: Stefan Wiesner
Gestaltung: Maike Michel
Coverabbildung: Liane Maas
Druck und Bindung: CPI books GmbH, Leck
ISBN 978-3-96340-201-2

5 4 3 2 1